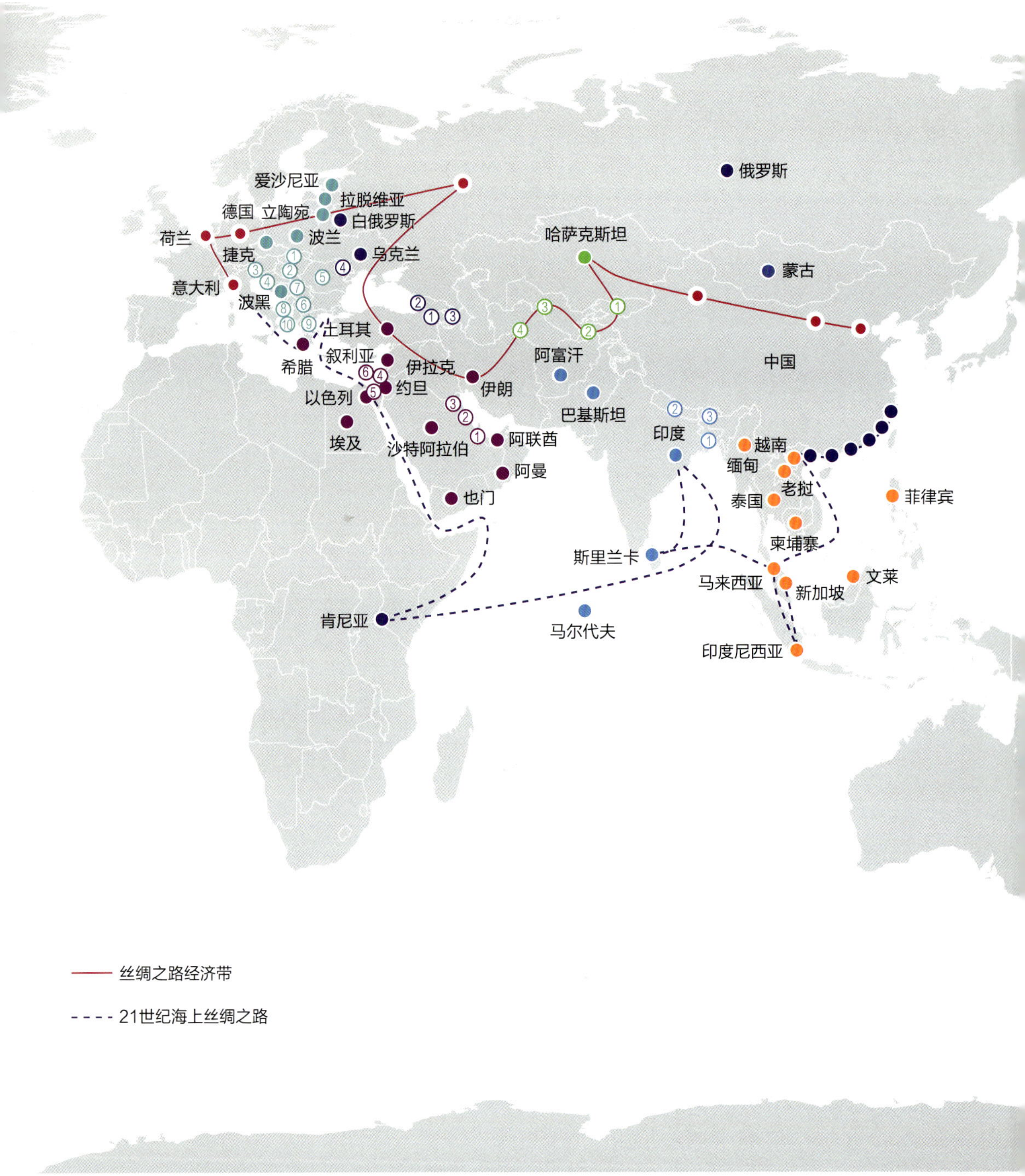
俄罗斯
爱沙尼亚
拉脱维亚
德国
立陶宛
白俄罗斯
荷兰
波兰
哈萨克斯坦
捷克
乌克兰
蒙古
意大利
波黑
土耳其
叙利亚
伊拉克
希腊
阿富汗
中国
约旦
伊朗
以色列
巴基斯坦
印度
埃及
沙特阿拉伯
阿联酋
越南
缅甸
阿曼
老挝
泰国
菲律宾
也门
柬埔寨
斯里兰卡
马来西亚
新加坡
文莱
肯尼亚
马尔代夫
印度尼西亚
丝绸之路经济带
21世纪海上丝绸之路

毕马威网络

毕马威在超过90%的“一带一路”沿线国家和地区设有办公室

独联体成员国地区（7）

俄罗斯
乌克兰
白俄罗斯
亚美尼亚 ①
格鲁吉亚 ②
阿塞拜疆 ③
摩尔多瓦 ④

中东欧地区（16）

波 兰
捷 克
斯洛伐克 ①
匈牙利 ②
斯洛文尼亚 ③
克罗地亚 ④
罗马尼亚 ⑤
保加利亚 ⑥
塞尔维亚 ⑦
黑 山 ⑧
马其顿 ⑨
波 黑
阿尔巴尼亚 ⑩
爱沙尼亚
立陶宛
拉脱维亚

西亚中东地区（18）

土耳其
伊 朗
叙利亚
伊拉克
阿联酋
沙特阿拉伯
卡塔尔 ①
巴 林 ②
科威特 ③
黎巴嫩 ④
阿 曼
也 门
约 旦
以色列
巴勒斯坦 ⑤
埃 及
希 腊
塞浦路斯 ⑥

中亚地区（5）

哈萨克斯坦
吉尔吉斯斯坦 ①
塔吉克斯坦 ②
乌兹别克斯坦 ③
土库曼斯坦 ④

东南亚地区（10）

老 挝
越 南
柬埔寨
泰 国
马来西亚
新加坡
印度尼西亚
文 莱
菲律宾
缅 甸

南亚地区（8）

印 度
巴基斯坦
孟加拉国 ①
阿富汗
尼泊尔 ②
不 丹 ③
斯里兰卡
马尔代夫

东亚地区（1）

蒙 古

图书在版编目（CIP）数据

“一带一路”投资关键环节：毕马威经典案例解析 /
毕马威中国编著．— 北京：中国经济出版社，2019.8
ISBN 978-7-5136-5749-5
Ⅰ．①一… Ⅱ．①毕… Ⅲ．①企业 – 对外投资 – 案例 –
中国 Ⅳ．① F279.23

中国版本图书馆 CIP 数据核字（2019）第 126885 号

本书所载资料仅供一般参考用，并非针对任何个人或团体的个别情况而提供。虽然本所已致力提供准确和及时的数据，但本所不能保证这些数据在阁下收取本书时或日后仍然准确。任何人士不应在没有详细考虑相关的情况及获取适当的专业意见下依据本书所载资料行事。

责任编辑　张　博
责任印制　马小宾
封面设计　任燕飞装帧设计工作室

出版发行　中国经济出版社
印 刷 者　北京柏力行彩印有限公司
经 销 者　各地新华书店
开　　本　710mm × 1000mm　1/16
印　　张　18
插页印张　0.5
字　　数　252 千字
版　　次　2019 年 8 月第 1 版
印　　次　2019 年 8 月第 1 版
定　　价　98.00 元
广告经营许可证　京西工商广字第 8179 号

中国经济出版社　**网址** www.economyph.com　**社址** 北京市西城区百万庄北街 3 号　**邮编** 100037
本版图书如存在印装质量问题，请与本社发行中心联系调换（联系电话：010-68330607）

指 导 委 员 会

感谢以下毕马威中国员工在本书编写、出版过程中付出的努力
（按姓氏笔画排序）

于　君　毕马威中国财务管理咨询服务经理

王　虹　毕马威中国投资并购服务主管合伙人

冯栢文　毕马威全球中国业务发展中心全球主席、毕马威中国基础设施行业联席主管

成泽枫　毕马威中国估值及建模咨询服务副总监

吕　迎　毕马威中国税务服务经理

乔　漠　毕马威中国投资并购咨询服务副总监

任爱民　毕马威中国人才与变革咨询服务主管合伙人

刘麦嘉轩　毕马威中国香港区管理合伙人

江立勤　毕马威中国北方区咨询服务主管合伙人、毕马威“一带一路”工作组主管合伙人

李　昂　毕马威中国海外投资风险咨询服务经理

李　迪　毕马威中国风险管理咨询服务总监

李　晶　毕马威中国全球战略咨询服务总监

李　瑶　毕马威中国投资咨询服务合伙人

杨　洁　毕马威中国审计和资本市场服务合伙人、毕马威中国华东及华西区国有企业研究小组领导合伙人

杨权林　毕马威中国金融风险管理咨询服务合伙人

余显俊　毕马威中国全球战略服务经理

余思含　毕马威中国海外投资业务税务服务经理

张　淼　毕马威中国并购及企业融资服务经理

张　璐　毕马威中国海外投资业务税务服务总监

张文倩　毕马威中国投资并购咨询服务副总监

张佳宇　毕马威中国投资并购咨询服务副总监

张京京　毕马威中国资本市场主管合伙人

张怡弘　毕马威中国北方区估值及建模咨询服务主管合伙人

陈剑虹　毕马威“一带一路”工作组协调人

武文娟　毕马威中国投资并购服务经理

苟建君　毕马威中国审计服务高级经理

林　莹　毕马威中国审计服务合伙人

周　骏　毕马威中国首席市场执行官

周　博　毕马威人员国际派遣服务总监

周重山　毕马威中国税务服务合伙人、中国贸易和海关事务主管

徐　敏　毕马威中国北方区管理合伙人

陶进伟　毕马威中国金融风险管理咨询服务合伙人

梅　放　毕马威中国北方区风险咨询服务合伙人

龚镜如　毕马威中国投资咨询服务副总监

崔　凯　毕马威中国财务管理咨询服务主管合伙人

崔　莉　毕马威全球中国业务发展中心首席运营官、战略关系管理主管

康琦明　毕马威中国战略咨询服务合伙人

梁思傑　毕马威中国香港资本市场合伙人

韩伊璇　毕马威中国海外投资风险咨询服务咨询师

谭礼耀　毕马威中国海外投资业务税务服务合伙人

卷首语

聚焦“一带一路”投资新机遇

中国企业对外投资在经历了十多年的高速增长以后，目前已经进入了一个平稳发展期。一方面，世界经济贸易环境趋于复杂，“逆全球化”倾向和贸易保护主义抬头；另一方面，政府监管力度加大，高度重视海外风险防范，遏制非理性投资。在这样的大环境下，中企在“一带一路”沿线的投资与运营面临更为严峻的挑战，主要包括“一带一路”业务发展战略不清晰、海外风险管理和监控体系不健全、并购后整合难题、运营管理绩效有待提升、合规经营和履行企业社会责任等。

为帮助中国企业应对“一带一路”投资与运营挑战，毕马威中国海外并购服务团队甄选了二十个具有代表性的案例，基于实际项目经验编写、出版了本案例集。这些案例覆盖“一带一路”项目投资与运营全过程，旨在从真实案例呈现的管理矛盾出发，就中国企业在“一带一路”沿线开展业务时面临的主要问题与挑战进行深入分析，提出应对策略，并与读者分享毕马威专家的独到见解和行业最佳实践，希望能够为计划在“一带一路”沿线开展投资的中国企业提供有益的参考和借鉴。

毕马威持续关注“一带一路”建设的最新动态及未来发展趋势。2019年6月，毕马威在北京钓鱼台国宾馆发布了与国家发改委市场与价格研究所和中国对外承包工程商会联合撰写的题为《共绘“一带一路”工笔画——吸引国际私有资本参与沿线国家基础设施建设》的研究报告。该报告指出，中外政府、企业、国际多边组织和中外专业机构需通过合作加强制度能力建设，构建风险管控系统和能力，创新和拓宽融资渠道，建立有效的政企合作平台推动“一带一路”项目的融资和实施，从而构建有助于吸引国际私有资本参与沿线国家的基础设施建设运营的市场机制。

毕马威致力于为中国企业对外投资提供一站式的“全生命周期”的服务，覆盖战略制定、投资环境分析、交易咨询、尽职调查、项目估值、项目融资、税务筹划、商业谈判支持、并购后整合、风险管理体系建设、海外业务管控与人力资源服务、运营效率提升、重组退出等近二十个交易环节，形成完整的项目闭环。

在毕马威团队协助下，中国企业能够做到“谋定而后动”，在交易前明确投资目标、充分预估项目风险并制定风险应对预案；在交易中灵活制定交易策略、把握交易时机；在交易后有序开展整合工作，挖掘协同效应，确保项目顺利运营。

毕马威团队能够在“一带一路”全区域协助客户解决项目整个生命周期遇到的问题，并已经在百余个“一带一路”项目中为企业提供专业服务。未来我们还将继续加大投入，为企业和各类机构在“一带一路”沿线的投资和贸易活动保驾护航。

毕马威“一带一路”工作组

目录

五、税务筹划篇

六、融资与外汇风险管理篇

七、毕马威“一带一路”前哨观察系列

『一带一路』投资关键环节

——毕马威经典案例解析

一、战略篇

战略制定面面观

核心提示

01 统一思想，在对外投资战略目标上达成一致

02 明确开展“一带一路”业务的必要性

03 分解与量化战略目标，制定战略实施计划

04 根据不同的市场特点制定有效的市场进入策略

05 为保证战略的有效性，动态调整不可或缺

案例背景

征延公司*是中国一家大型高端装备制造业企业，经过十多年的发展，征延公司通过技术引进、消化吸收和再创新，迅速成长为中国市场领头羊和全球行业领先者。

然而，近年来中国经济发展进入“新常态”，固定资产投资增速下降，征延公司面临市场饱和、先进产能无法得到充分利用的发展瓶颈。管理层逐渐认识到，征延公司需要寻找中、长期战略增长点，以实现可持续发展。

在此背景下，中国政府提出的“一带一路”倡议和陆续出台的多项配套政策，为征延公司提供了开拓国际市场的良机。几年来，征延公司的下属企业纷纷在“一带一路”沿线国家和地区开展业务运营，虽然取得了一些收益，但也很快暴露出一系列问题，主要包括公司各成员企业“一带一路”投资缺乏统一的战略指引，战略规划与实施脱节，没有制定有效的市场进入策略，战略动态调整机制缺失等问题。

在这样的情况下，征延公司高层决定引入外部中介机构，全面梳理公司“一带一路”业务现状，在整体战略和国际化战略框架下制定集团层面的“一带一路”业务战略，并将中长期战略目标分解至各业务单元，设计相应的战略实施方案并时间表。经过激烈的竞争，毕马威战略咨询团队赢得了该项目机会，最终提交的项目成果也获得征延公司从高层到业务部门的一致好评。

在本案例中，我们结合征延公司项目情况，对中国企业在制定“一带一路”业务战略时容易出现的问题进行了重点提示并分享了项目成功经验，希望能够为其他计划在“一带一路”沿线开展投资的中国企业提供有益的参考和借鉴。

---

* 本报告中的所有案例均以中国企业对外投资过程中常见问题为主线，综合毕马威专业服务团队的多个案例经验创作而成，旨在从真实案例呈现的管理矛盾出发，就中国企业在“一带一路”沿线开展业务时面临的主要问题与挑战进行深入分析，提出应对策略，并与读者分享毕马威专家的独到见解和行业最佳实践。本案例中的中外企业名称和投资地国均为虚拟。

01 统一思想，在对外投资战略目标上达成一致

近年来，征延公司在开拓"一带一路"沿线市场过程中，下属企业各自为战、重复建设，甚至在一些项目上出现了成员企业恶性竞争的混乱局面，出现这些问题的根本原因是企业内部战略思想不统一。

成功开展海外运营的企业，往往具有清晰的对外投资战略。对外投资战略和"一带一路"业务战略是公司整体战略的组成部分，需要能够支持公司整体战略目标的实现（见图 1-1）。公司应明确海外业务在公司整体业务架构中扮演的角色以及同公司其他业务能够产生的协同效应。毕马威"战略规划核心体系——九个价值杠杆"模型确定了公司制定战略的主要工作内容和基本流程（见图 1-2）。

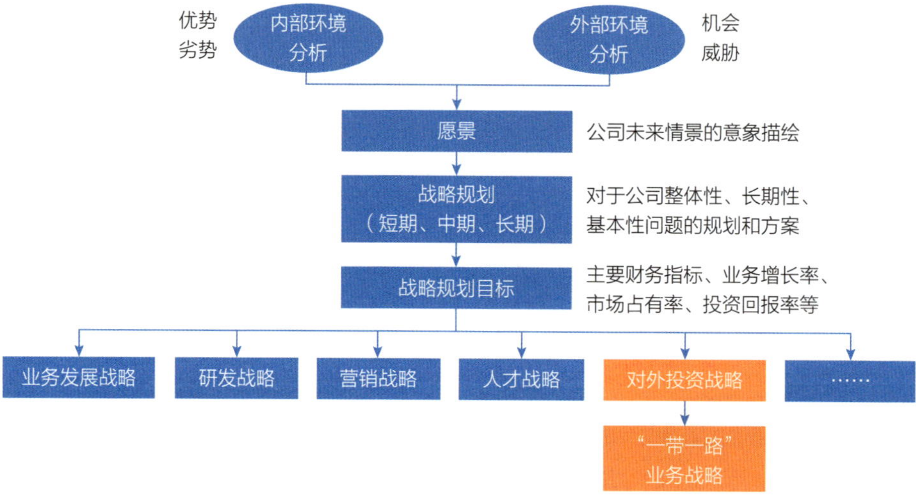

图 1-1　公司整体战略体系

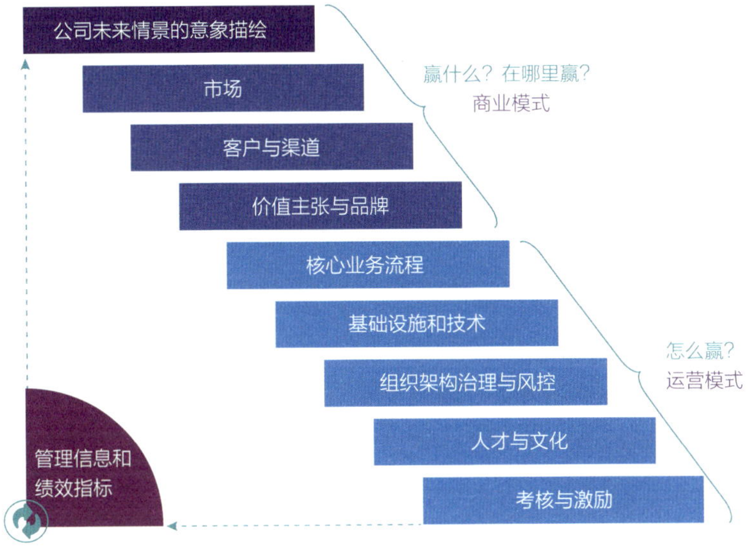

图 1-2　毕马威战略规划核心体系——九个价值杠杆

一直以来，征延公司战略体系管理较为松散，在国内也常常出现内部无序竞争的局面。在开拓“一带一路”沿线市场过程中，征延公司在集团层面上缺乏统一的“一带一路”业务战略，因而也就谈不上对子公司的战略指引。在这样的情况下，子公司也难以统一思想，在战略目标上达成共识。

经过深入的项目调研和管理层访谈，毕马威团队了解到征延公司在“一带一路”业务战略制定和执行过程中遇到的主要问题包括：

- 各下属企业对“一带一路”倡议的主要内容、政策支持和已签订的双多边合作协议，大多认识不全面、了解不深入；
- 对于如何开展“一带一路”业务统筹规划和长远考虑，投资行为较为盲目，往往被市场上出现的低价资产或短线机会所吸引，跟风式投资现象比较普遍；
- 虽然在拓展市场的过程中，下属企业希望能够获得集团层面的支持和兄弟公司的配合，但往往由于信息共享、利益分配和统筹协调等问题得不到解决，最终还是选择各自为战、追逐短线项目机会，甚至与集团成员单位恶性竞争。

对于征延公司这样一个高端装备制造业企业来说，集团成员单位协同作战对于国际市场运营尤为重要。这是因为高端装备制造业的国际竞争是体系与体系、系统与系统的竞争，国际的领先公司在多年的国际化运营中早已形成一套成熟的体系，能够高效整合各类资源，包括市场和客户、产品、技术研发、售后服务、供应商管理、财务管理、人脉和信息网络、人才队伍等。在"一带一路"市场中，如果征延公司无法有效构建体系、整合资源，而只是依靠各下属企业局部的技术、产品和服务优势单打独斗，甚至内部互相竞争，将无法在激烈的国际竞争中胜出。

针对这样的情况，毕马威团队建议征延公司：

- 首先在集团整体战略框架下，重新梳理、明确集团层面的对外投资战略，制定"一带一路"业务战略，加强对各下属企业的宣传，统一认识并就"一带一路"业务发展目标和长线布局计划达成一致；
- 指导、协调各成员企业制定"一带一路"业务发展规划，明确各企业的分工和业务布局，集团层面需加强协调工作，确保各成员企业所投资业务与公司其他业务能够产生协同效应；
- 制定各下属企业"一带一路"业务利益分配和分工合作机制管理原则，设立主管部门、设计相应的管理和协调流程，在决策权、财务和人力资源管理等方面清晰界定集团和各下属企业的权责范围。

毕马威专家点评

与国内相比，"一带一路"沿线市场投资环境更为复杂、竞争更为激烈，中国企业面临诸多风险和不确定性因素。因此，对"一带一路"业务采取松散管理和粗放经营模式的企业将难以在当地生存。对于征延公司来说，只有站在集团高度审视、明确战略方向和目标之后，才能够指导、协调集团各成员企业的分工协作和"一带一路"业务规划，为集团优化资源配置和全球业务布局打下良好的基础。

02 明确开展“一带一路”业务的必要性

通过管理层访谈，毕马威团队了解到受访者普遍不清楚“一带一路”倡议的重大意义及其为企业带来的历史性机遇，因而也没有充分认识到开展“一带一路”业务的必要性。

改革开放四十年来，中国企业的实力有了很大提升，一些企业遇到发展瓶颈，比如市场饱和、劳动力成本上升、资源短缺等，因而有了在全球范围内进行产业布局、优化资源配置的需求。

“一带一路”是中国政府提出的一个合作构想，是为“丝绸之路经济带”和“21世纪海上丝绸之路”沿线各国搭建的一个“共商共建共享”的平台，也为那些计划在海外开展业务运营的企业提供了发展契机。针对“一带一路”倡议，中国企业需审视自身业务发展需求，深入思考如何利用这个平台开展国际化运营，实现转型升级。

对于征延公司来说，开展“一带一路”业务是公司突破瓶颈，实现进一步发展的必然选择。过去，征延公司凭借“市场换技术、掌握先进技术后再占领市场”的模式迅速成长为国内行业领头羊，然而，随着国内市场渐趋饱和，征延公司销售收入增长率逐年下降，进入了“滞涨期”，急需寻找新市场。如果征延公司不能及时突破业务增长瓶颈，经过多年积累而形成的自主研发能力和先进产能就有可能因为订单不足而闲置，甚至停止发展。长此以往，国际巨头将再次在技术上形成领先优势，征延公司不仅拓展国际市场将遇到困难，其国内市场份额也有可能被逐步蚕食。

考虑到这些情况，毕马威团队建议征延公司充分利用“一带一路”平台提供的业务发展机遇，积极探索进入新市场的可行性与市场进入路径，在与国际竞争对手正面交锋的过程中，实现业绩增长与核心竞争力加强的“双丰收”。

毕马威专家点评

“一带一路”倡议虽然为中国企业提供了“走出去”的良机，但每个企业的情况不同，需要考虑自身是否适合开展“一带一路”业务、什么时候开展投资是恰当的时机等问题。要回答这些问题，企业需在综合考虑自身业务发展阶段、中长期战略目标、企业竞争实力、海外市场环境等因素的基础上做出准确判断。

03 分解与量化战略目标，制定战略实施计划

两年前，征延公司制定了对外投资战略，但并未加以细化，因而在实际工作中战略指导性较弱，实施过程中仍然出现成员企业跟着项目走、打到哪儿算哪儿的情况，集团总部缺乏对于海外业务的协调与管控，对成员企业海外运营的考核指标也较为主观与片面。出现这些问题的主要原因是征延公司没有对战略目标进行分解与量化，也没有制定相应的战略实施计划，从而形成了战略目标与实施脱节的局面。

毕马威团队指出，在明晰了对外投资和“一带一路”业务战略后，征延公司还需将战略目标分解至各业务单元并制定战略实施计划，具体工作包括：

- 细化与分解战略目标：通常来说，战略目标是一个较为宏观的概念，比如“在三年内成为国内市场销售收入排名前三位的企业”，或是“在五年内使某业务在集团内销售收入占比达40%以上”。因此，在确定了战略方向之后，企业需制定战略目标指标体系，把总体指标分解至各业务单元。比如，未来五年的销售额目标可以分解到每一个财年，每一个财年的销售目标还可以进一步分解至各业务板块、区域市场、子公司或成员单位；
- 制定战略实施计划：业务板块、区域市场、子公司或成员单位制定二级战略目标实施计划，以明确为实现量化战略目标而需采取的商业模式（市场、客户、渠道、产品和品牌等）和运营模式（人、财、物、流程、技术和IT设施等）；
- 制定集团层面的资源配置计划：征延公司在集团层面对二级战略目标实施规划进行汇总分析，审视战略目标的可行性、潜在风险和所需资源投入等要素，并以此为基础协调各业务单元的战略实施规划并提出修改意见。最

终，征延公司需要制定资源配置计划，明确为实现总体战略目标，集团针对各业务单元需投入的资源和提供的支持；

- **制定合理的业绩考核指标：** 制定合理的业绩考核指标，需综合考虑分解与量化后的战略目标和集团资源投入情况，考核指标可以是定性或是定量的。

以上工作是确保征延公司“一带一路”业务战略能够得以顺利实施的前提。通过这些工作，对外投资战略和“一带一路”业务战略就不仅仅是一个口号或是一个数字，而是集合了战略方向、量化指标、实施举措和业绩考核为一体、多维度统一、定性定量相结合的战略规划与实施体系。

毕马威专家点评

中国企业在制定“一带一路”业务战略的过程中，需要注意避免形式主义，如果仅有口号没有目标、仅有规划没有实施方案、仅有资源配置没有考核指标体系，就容易出现战略目标与具体实施脱节的情况，使企业总部战略指导职能虚化，形成各部门和业务单元在战略执行过程中盲目决策、各自为战的混乱局面，那么美好的战略愿景与目标就只是空中楼阁，难以落到实处。

04 根据不同市场特点制定有效的市场进入策略

在国内市场，征延公司竞标的项目多为政府投资或有政府资金支持的基础设施类新项目或大项目，凭借先进技术和规模优势，征延公司已经为客户形成了一套完整的解决方案，在市场竞争中的主要策略是集中力量赢下大订单。通过这样的方式，征延公司积累了一定的客户资源，在基础设施项目配套设备的硬件和软件市场的份额也达到近百分之四十。

但在“一带一路”沿线国家和地区，市场情况出现变化，主要体现在：

- **项目规模小：**项目大多是在现有基础上的软硬件更新，平均项目规模大大缩小，客户定制化需求较多，因此要求产品和服务提供商具有快速响应能力以及更为灵活的决策和营销机制；
- **对单项产品或服务的竞争力要求高：**由于客户需求往往是局部或子系统更新，征延公司在国内市场上所依托的完整的产品和服务体系优势难以充分发挥，而在单项产品或服务项目的竞争中，征延公司竞争力不强的问题就凸显出来；
- **客户和渠道资源优势不明显：**在“一带一路”沿线市场，征延公司不再拥有现成的客户资源和渠道优势，在一些项目的竞标中，如果不与外部商业伙伴、甚至是竞争对手开展合作，作为分包商承担项目部分交付任务，那么征延公司进入新市场将困难重重。

在开拓市场的过程中，征延公司和下属企业的管理层没有充分认识到这些新特点及其带来的挑战，因此也没有调整市场进入策略，仍然是沿用国内习惯做法，投入大量的人力、物力打包项目整体解决方案竞争大项目。

由于大项目机会较少，征延公司的客户资源和销售渠道尚未完全建立起来，在当地的品牌影响力也十分有限，因此竞标的成功率偏低。而在小项目的投标中，征延公司又难以摆脱原有的思维定式，很少能够与外部商业伙伴建立合作关系进而参与项目。因此在拓展“一带一路”市场的过程中，征延公司可以说是举步维艰。

考虑到这些情况，毕马威团队建议征延公司对“一带一路”沿线国家和地区市场进行分类，结合不同类型的市场需求，梳理现有产品与服务并进行分解与组合。在对“一带一路”市场进行了深入调研与分析之后，毕马威团队与征延公司管理层将“一带一路”沿线市场分为四大类，分别是“开拓”“深耕”“观察”

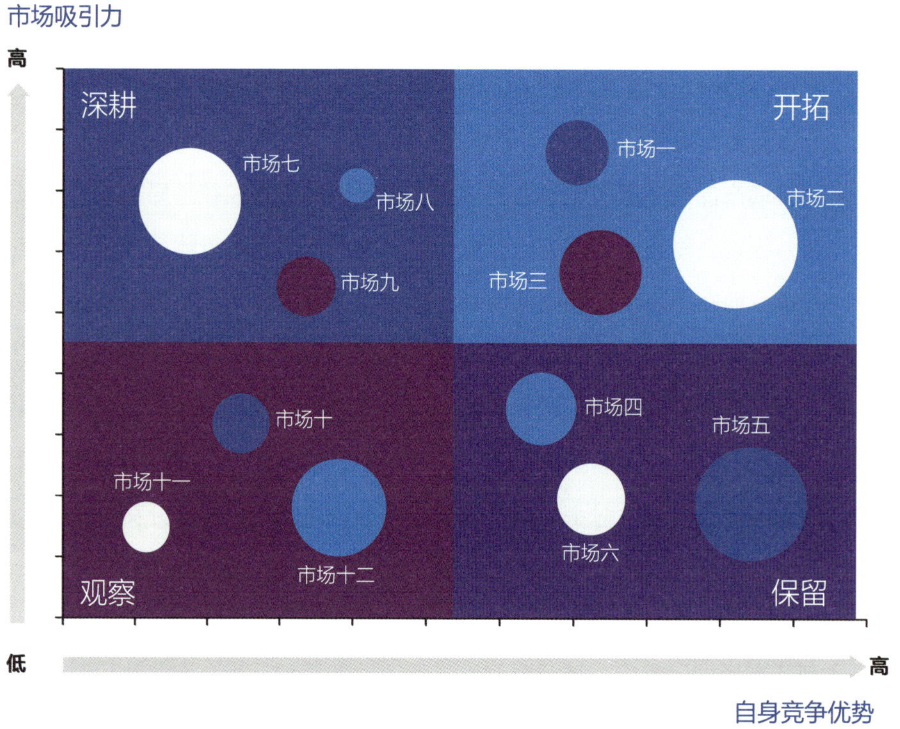

图 1-3 “一带一路”沿线市场分类

和“保留”类（见图 1-3），并针对每一类市场制定了相应的进入策略。

- **开拓类：**该类市场吸引力较高、征延公司也具有较强的竞争力，因而发展潜力较大，有可能成为公司重要的收入来源。征延公司可考虑加大投入，通过设立分支机构或是与当地公司合作开展运营，尽快实现业务突破，抢夺市场份额；
- **深耕类：**该类市场吸引力较高、但征延公司竞争实力较弱。公司需投入资源加强自身能力建设，为快速占有市场，公司可考虑与商业伙伴开展合作或是收购拥有较强实力的企业，弥补自身不足，在市场上站稳脚跟；
- **观察类：**该类市场吸引力较低、征延公司的竞争优势也比较弱。对于这类市场，公司可以暂缓考虑进入，一方面观察市场发展趋势，另一方面培育自身实力，待需求增加、趋势转好时再伺机进入；
- **保留类：**该类市场吸引力较低、但征延公司竞争实力较强。这类市场可以比喻为“食之无味、弃之可惜”的鸡肋，公司可根据公司业务发展情况和资源配置计划，灵活考虑进入市场的方式与时机，如选择进入，应减少资源投入以降低风险。

在分析四类市场的基础上，毕马威团队对征延公司现有产品体系进行了梳理与分解，建立了软硬件“服务 / 产品超市”，并针对不同类型市场制定了差异化的产品 / 服务组合策略和渠道策略。

例如，在“开拓”类市场中，毕马威建议征延公司一方面应以高性价比或拥有核心技术优势的子系统和服务为主开拓市场，并集中资源保证交付和售后服务质量；另一方面，征延公司还需要采取开放、灵活的合作态度，充分发挥“服务 / 产品超市”选项丰富、可以灵活组合的优势，探索与第三方机构建立合作机制，以尽快实现市场突破、建立客户群体，在当地打造公司的品牌影响力。

毕马威专家点评

通过局部突破带动业务的全面发展，也就是“以点带面”，是中国企业进入“一带一路”沿线市场的重要战略路径。探索走出国门的中国企业大多是国内市场的佼佼者，但企业到海外投资，面临的是与国内政治、法律、市场、交易习惯、文化等有很大差异甚至完全不同的投资环境，而且“一带一路”重点项目——比如基建、能源等——往往涉及多个参与方，投资周期较长。很多中国企业海外运营经验不足，在“一带一路”沿线市场仍采用国内习惯做法，对项目困难和各种风险的复杂性认识不足。

在不熟悉市场环境，缺乏渠道资源、品牌知名度和强大组织体系保障的情况下，开展“一带一路”投资的中国企业需注意不能简单复制在国内市场的成功经验，应根据目标市场不同特点，制定差异化的产品组合和渠道策略，采取灵活的经营方式，集中资源主推王牌产品和服务，待站稳脚跟、形成一定市场知名度之后再“以点带面”，实现业务的全面突破。

05 为保证战略的有效性，动态调整不可或缺

如今，全球市场快速变革、颠覆性技术和商业模式不断涌现，在这样的情况下，企业战略也不能一成不变，而是需要根据市场形势的变化进行动态调整。

“一带一路”沿线多是发展中国家，政治、经济、法律、文化复杂多样，即使企业在“走出去”之前已经开展了大量市场调研，但在项目开始以后，也常常会发现当地行业与市场发展状况、监管法规、营商环境、竞争格局、客户偏好等与最初判断大不相同，战略实施效果难以达到预期。因此，毕马威建议征延公司建立战略实施效果监控和调整体系，根据市场变化情况、战略实施效果以及实际操作过程中积累的经验和教训，对“一带一路”业务战略进行定期和不定期动态调整，以保证战略规划能够有效指导实际业务开展。在这个过程中，建立战略预警指标体系是一个关键性环节。

毕马威团队在本案例的项目调研中发现，近年来征延公司下属企业在开拓“一带一路”沿线市场过程中获取了大量一手信息，也积累了丰富经验。因此，毕马威团队建议公司对分散在集团各成员单位的市场信息进行汇总、分析与总结，在此基础上从外部和内部环境两个方面建立集团“一带一路”业务战略预警指标体系：

- **外部环境指标**：宏观与行业政策变化、政府重大举措、经济/行业发展状况、技术变革影响、主要竞争对手动态、客户需求变化等；
- **内部环境指标**：业务运营指标、创新投入与创新能力变化、管理效率、市场响应速度、资源配置（资金、人力资源等）和核心竞争力等。

在建立了指标体系后，征延公司还需根据不同指标的监控结果、变化程度及其对“一带一路”业务运营带来的影响，适时调整集团以及各业务单元的战略规划和战略执行方案，以保证战略的可执行性和有效性。

毕马威专家点评

有效的战略规划体系需要能够精准把握并跟随政策、市场、竞争、客户、技术、商业模式、创新和资源投入等内外部环境因素变化的节奏，不断进行战略调整和演进。全球领先的跨国公司往往都建立了定期的战略审视和调整机制，根据所处行业、市场以及自身能力的变化，开展年度、半年度甚至季度战略回顾、实施效果评判和战略调整工作。

中国企业在开拓“一带一路”市场的过程中需认识到，战略制定不能一劳永逸，尤其是在面对较为陌生的新市场时，企业需根据市场变化和战略实施效果，持续进行战略调整，在必要时还需要制定全新的战略体系。

破解『一带一路』市场进入难题

核心提示

01 明晰愿景，确立新市场进入的战略与财务目标

02 严谨评估，找准优先进入的“首发”细分市场

03 关注如何进入，制定细化市场进入方案

04 开展经济性分析，量化投入产出比以支撑战略决策

附录 毕马威“一带一路”国别投资环境分析与比较模型

案例背景

征延公司是中国一家大型汽车整车制造集团，通过多年与外资汽车集团的合资合作，征延公司消化吸收先进技术并开展自主创新，迅速成长为国内领先的自主汽车品牌制造商，自主品牌汽车销量在国内市场处于领先地位。

“十三五”以来，国内汽车市场增速放缓、产能过剩、市场竞争激烈，在国家产业政策支持中国车企“走出去”、政府提出“一带一路”倡议的大背景下，公司管理层意识到开拓“一带一路”沿线市场不仅能够扩大市场空间、输出优势产能，还可以延长产品生命周期，对于公司突破发展瓶颈、实现集团中长期发展目标至关重要。

在这样的背景下，征延公司决定聘请毕马威战略咨询团队协助制定“一带一路”业务战略。

毕马威“一带一路”国别投资环境分析与比较模型（详见本章附录）结果显示，东盟是域内投资环境和投资前景综合排名第一的地区，在排位前十名的国家中，东盟国家占据四席。根据模型分析和重点国别宏观经济、汽车产业市场研究结果，结合征延公司未来五年海外业务战略布局规划，毕马威团队建议征延公司选择位于东南亚的林纳弗德国（以下简称“林国”）建设战略制造基地。

然而，林国汽车市场虽然发展前景广阔，但通过前期初步调研，征延公司管理层意识到由于林国的产品政策法规、竞争格局、消费者偏好、产品定价和成本水平等情况均与国内情况存在较大差异，公司进入该市场面临不少困难。

面对林国汽车市场的复杂性，征延公司决定请毕马威团队重点就制定市场进入战略开展工作，主要包括制定市场进入策略、寻找市场突破点、细化市场进入方案、对项目的投入和产出进行经济性测算，为公司管理层的战略决策提供科学依据。

在本案例中，我们结合征延公司项目情况，对中国企业在制定海外新市场进入战略时容易出现的问题进行了重点提示并分享了项目成功经验，希望能够为其他计划进入“一带一路”沿线新市场的中国企业提供有益的参考和借鉴。

01 明晰愿景，确立新市场进入的战略与财务目标

初步调研结果显示，林国汽车市场销售规模已达到每年数百万辆，受国内生产总值持续平稳增长、居民收入水平不断提升以及交通基础设施逐步完善等因素影响，林国汽车销售市场预计将以每年超过8%的速度增长。由此初步判断，林国市场是难得的“大容量+高增速”区域汽车市场。

经综合考虑，毕马威团队提出，征延公司进入林国市场的愿景目标可确立为：在未来三年内通过绿地建厂的方式进入当地汽车市场。

中国企业在制定海外新市场进入战略目标时不应止步于顶层愿景设计，而应进一步将战略目标分解、量化并制定相应的财务指标，这些细化的战略目标将能为制定具体的市场进入方案提供更为明确的方向指引。

根据这个原则，在林国市场进入战略愿景指引下，毕马威团队将战略目标围绕以下两个重点进行了分解：

- **短、中、长期战略目标：**包括销量规模、市场份额、竞争地位等；
- **有明确时间表的财务目标：**包括收入、利润、投资、盈亏平衡考虑等。

02 严谨评估，找准优先进入的"首发"细分市场

对于新市场进入者而言，首发市场和首发产品的选择至关重要，这将关系到企业是不是能够快速站稳脚跟并树立品牌形象。通常来说，企业应选择自身实力力较强、客户消费能力突出的首发市场推出产品。在首发市场取得成功后，遵循"以点带面"、以局部突破带动业务全面发展的战略路径，企业可以分阶段推出新品占领更多细分市场。那么，在林国，征延公司应首先在哪一个细分市场进行重点布局呢？

为了回答这个问题，征延公司与毕马威专业人士组成了联合项目团队，到林国实地开展了为期四周的市场调研与消费者访谈。通过调研，公司深入了解了林国当地产业政策、竞争对手、经销商、消费者需求等基础信息，为寻找重点细分市场、确定合理的产品定位提供了科学根据。

这个工作主要分为三个阶段：

- **第一阶段：研究相关产业相关政策**

汽车产业相关政策调研结果显示，林国制定了鼓励汽车行业中长期发展的产业规划并鼓励外商投资本国汽车产业；从汽车排放要求和安全政策法规角度来看，未来绿色环保、安全性较高的汽车将在竞争中胜出，而这也是征延公司实力较为突出的领域；

- **第二阶段：分析汽车细分市场未来发展前景**

汽车市场调研结果显示，虽然林国整体乘用车市场高速增长，但不同细分市场呈现出差异化发展态势。传统的两厢和三厢轿车市场因已进入成熟发展阶段，市场集中度较高且竞争格局相对较为稳定，突破难度高；以运动型多用途汽车（SUV）为代表的新兴细分市场正经历快速发展，具有更大的市场空间，有可能

成为推动乘用车销量增长的主要引擎，因而日益成为吸引投资者进入的“新蓝海”。

联合项目团队还针对过去五年间，以 SUV 为代表的细分市场里新出现的市场竞争者进行了案例分析，结果进一步印证了以 SUV 新兴市场作为切入点进入林国汽车市场具有较高的可行性和成功率。

- 第三阶段：消费者调研

联合项目团队开展了数百场针对潜在和现有消费者的调研，调研方式包括经销商实地勘察、消费者问卷调研、焦点小组讨论、街头拦访和入户调研等。通过调研，联合项目团队进一步发现 SUV 潜在客户群体正在逐步扩大，对新 SUV 车型产品拥有更多期待。在关键购买因素中，SUV 细分市场的消费者更关注品牌、性能、舒适度以及内饰和外观等。

根据实地调研所获得的信息，联合项目团队对细分市场吸引力及征延公司产品竞争力进行了全面评估，最后建议公司管理层优先进入中型以及小型 SUV 市场，以此为切入点逐步拓展林国市场并树立征延公司品牌影响力，然后分阶段引入其他轿车及多用途汽车全系列产品，全面扩大林国市场业务。

03 关注如何进入，制定细化市场进入方案

确定了重点突破的切入点以后，征延公司需要考虑如何进入的问题。这时，企业应从对标竞品、充分了解相关利益方（如经销商及消费者）诉求出发，制定市场进入方案。

在本案例中，联合项目团队在四周时间里，进一步对标成功竞品案例，以此为基础制定了细化的产品价格与配置方案、品牌策略、渠道策略、售后与补贴方案等，为市场进入战略的实施奠定了基础。

- **产品定价和配置方案：**对标中档竞品的产品定位，通过错位竞争、竞争性定价和提升产品配置吸引消费者；
- **品牌定位及营销推广：**强调绿色低碳、卓越的安全性和采用高科技等特征，突出运动化、年轻化的品牌形象，贴近消费者的情感诉求；通过数字媒体和报纸广告加以宣传，充分利用经销商展厅资源，实现高效的品牌沟通；
- **渠道策略：**采用全国独家代理模式，基于年度绩效考评决定是否撤换或补充新经销商进行市场拓展，以分散风险；对 4S 店及城市展厅进行网点布局，覆盖超一线和一、二线城市；
- **售后服务与补贴政策：**与所对标的中档竞品相比，提供更为优质、贴心的售后维修保养服务；对经销商实行更为优惠的补贴和金融支持政策，以实现快速建网和推动销售增长的目标。

04 开展经济性分析，量化投入产出比以支撑战略决策

新市场进入是“理性经济人”的战略决策，企业应基于已制定的市场进入战略方案进行财务预测，通过量化的经济性分析估算项目价值。企业还可以以经济性分析结果为基础，重新审视并调整市场进入战略、实施方案和已制定的财务目标，实现目标输入与结果输出的闭环验证。

在本案例中，毕马威团队协助征延公司对资源投入与项目产出进行了具体测算，包括建立市场进入的整体财务预测模型，以此分析项目投资需求、盈亏平衡量、投资收益率、投资回报周期等。

- 利用财务预测模型明确销售目标，估算为实现销售目标所需的各项投入，包括新建网点数量、人力成本、市场营销费用、经销商补贴等，估算实现盈亏平衡所需时间；
- 通过多情景模拟和敏感性测试，确定核心收入与成本投入假设，以此为基础对市场进入策略进行相应调整；
- 测算经销商投资回报，确定经销商网络建设计划的可行性以及对销量目标的支撑能力。

针对市场进入战略方案进行的经济性分析、对征延公司进入林国市场的投入和产出进行的量化估算，为公司管理层制定战略决策提供了科学依据。

附录 毕马威“一带一路”国别投资环境分析与比较模型

为比较“一带一路”沿线各国的投资环境和投资前景，毕马威团队建立了分析模型。该模型综合考虑了影响企业投资和运营的重要因素，涵盖经济发展、政治与社会环境、政府效率、贸易与投资发展状况、基础设施发展状况、“一带一路”沿线国家五通指数等多个方面，包括五大类、十六个指标（见表格 1-1）。

表格 1-1 “一带一路”国别分析比较模型指标体系 *

序号	一级指标	权重	二级指标	权重
1	经济发展	0.20	人均消费支出	0.08
2			人均 GDP	0.06
3			GDP 增速	0.06
4	政治与社会环境	0.15	BMI 风险指数	0.10
5			全球清廉指数	0.05
6	贸易与投资	0.20	FDI	0.04
7			中国 ODI	0.04
8			进出口总额	0.02
9			世行投资便利度指数	0.10
10	基础设施	0.15	城市化率	0.05
11			对外承包工程商会——建筑产业指数	0.10
12	“一带一路”五通指数	0.30	五通指数——政策沟通指数	0.06
13			五通指数——设施联通指数	0.06
14			五通指数——贸易畅通指数	0.06
15			五通指数——资金融通指数	0.06
16			五通指数——民心相通指数	0.06
	总计	1.00		1.00

资料来源：毕马威分析

模型计算结果显示，各区域内国家标准化综合得分平均分排名见图 1-4。

* 关于指标：本模型选取 16 个影响企业投资和运营的重要指标。在实际工作中，应根据项目具体情况和所涉及行业，选取对项目投资和运营将产生重要影响的其他指标；

关于权重：在实际工作中，应根据项目具体情况和所涉及行业，适当调整指标权重，尽可能准确地反映出各项指标对项目决策产生的影响；

关于分析结果：本模型计算过程和结果仅供一般参考使用，并非针对任何具体的行业、企业、个人或团体的个别情况而提供；任何企业、个人或团体不应在没有详细考虑相关情况及获取适当专业意见的前提下，依据本模型计算过程和结果行事。

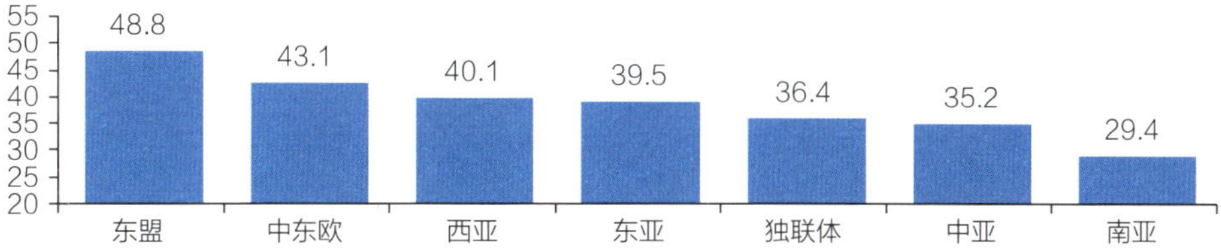

图 1-4 “一带一路”区域排名——区域内各国标准化综合得分平均分

通过模型计算，标准化综合得分超过 40 分的国家见表格 1-2。

表格 1-2 “一带一路”国家标准化综合得分排名

（得分大于 40 的国家有 33 个，分为四个梯队）

梯队	排名	国家	所在地区
第一梯队（得分 >80 分）	1	新加坡	东盟
第二梯队（60< 得分 <70 分）	2	阿联酋	西亚
	3	马来西亚	东盟
第三梯队（50< 得分 <60 分）	4	以色列	西亚
	5	卡塔尔	西亚
	6	沙特阿拉伯	西亚
	7	波兰	中东欧
	8	俄罗斯	独联体
	9	泰国	东盟
	10	越南	东盟
	11	科威特	西亚
	12	匈牙利	中东欧
	13	立陶宛	中东欧
	14	斯洛伐克	中东欧
	15	印度尼西亚	东盟
	16	捷克	中东欧

（续）

梯队	排名	国家	所在地区
第四梯队（40<得分<50分）	17	巴林	西亚
	18	爱沙尼亚	中东欧
	19	印度	南亚
	20	哈萨克斯坦	中亚
	21	拉脱维亚	中东欧
	22	土耳其	西亚
	23	斯洛文尼亚	中东欧
	24	文莱	东盟
	25	白俄罗斯	独联体
	26	塞尔维亚	中东欧
	27	埃及	西亚
	28	柬埔寨	东盟
	29	菲律宾	东盟
	30	乌兹别克斯坦	中亚
	31	罗马尼亚	中东欧
	32	马其顿	中东欧
	33	阿曼	西亚

资料来源：世界银行、商务部统计数据、BMI、联合国统计数据、透明国际、对外承包工程商会、北京大学“一带一路”沿线国家五通指数、毕马威分析等

商业尽职调查的辩证观

核心提示

01 从政治风险中看到投资机遇

02 隐形的市场门槛和显性的市场进入限制条款一样重要

03 市场化运营带来激烈竞争，但也降低了系统性风险

04 避免掉入“注重历史和现状而忽视长远发展趋势”的陷阱

05 潜在进入者往往比现有竞争对手更具威胁

06 目标资产的“软实力”与“硬条件”同等重要

案例背景

征延公司为一家大型国资发电集团，主要经营煤电站的建设和运营。近年来，国内环保压力加大和燃煤价格上涨导致企业资产收益率下滑；同时，由于国内发电总体产能过剩，加上清洁能源装机容量快速增长，使得煤电市场份额逐步下滑，煤电设备平均实际利用小时数一直维持在较低水平。

在这样的情况下，征延公司果断采取措施应对困难局面：一方面加快布局以天然气发电为核心的清洁能源板块，另一方面则积极响应“一带一路”倡议，寻求国际化发展以提高整体业务组合的收益和抗风险能力。

通过复杂的项目筛选流程，征延公司将目标锁定为某中东大型能源水务集团在土耳其新投资的天然气电站。该中东集团因内部战略调整，希望出售土耳其天然气电站的控股股权。征延公司对这个项目很感兴趣的主要原因包括三个：

- 土耳其是“一带一路”沿线国家，在该国的投资项目有可能享受到更多政策扶持；
- 该电站设备和技术较为先进，发电效率高，与土境内其他天然气发电站相比具有较强的竞争优势；
- 经过近三十年的市场化改革，土耳其电力行业已经形成了一套成熟的市场竞争机制，并已与欧盟电力市场全面接轨，因此投资该项目有利于征延公司管理团队积累在自由竞争的电力市场机制下，投资和运营电站的宝贵经验。

但同时，征延公司管理层对于投资该项目也存在一些顾虑：

- **政治风险较大：**2016 年 7 月，土耳其爆发军事政变，虽然在政变中执政当局并未被推翻，但其政权稳定性堪忧，使项目面临极大的政治风险；
- **未来的盈利能力难以预测：**市场化运作的土耳其电力行业竞争激烈，征延公司担心在这样的市场环境中土耳其电价波动难以预测，对项目进行准确估值比较困难，项目未来的盈利性也难以得到保障；
- **来自煤电和水电的竞争压力：**从经济性上来看，天然气发电比不上煤电和水电。因此，虽然目前在土耳其天然气发电份额较大，但从中长期看，天然气发电的市场份额有可能受到煤电和水电的侵蚀，从而影响项目的市场前景。

面对正反两方面的考量，征延公司管理层举棋不定。最后，管理层决定聘请毕马威服务团队协助公司制定投资决策，主要工作是围绕上述三个初步识别的风险点，同时兼顾其他监管、市场和运营方面可能遇到的问题，针对该项目开展全面的商业尽职调查工作。

在商业尽职调查工作中，我们发现征延公司在项目初期对于三大风险的认识不够全面，同时也识别出其他一些风险点。在本案例中，我们总结了该项目商业尽职调查结果的关键点，并对企业容易出现的一些错误进行了重点提示，希望能够为其他计划在“一带一路”沿线开展能源类投资的中国企业提供一些有益的参考和借鉴。

01 从政治风险中看到投资机遇

2016年7月发生的政变对土耳其经济带来了重大影响，增长乏力、通胀高企、本地货币里拉迅速贬值，一时间，投资者对土耳其市场望而却步。然而，在对土耳其市场环境进行了多维度的分析之后，毕马威服务团队发现虽然本项目面临较大的政治风险，但土耳其政变也带来了极易被众人忽视的发展机遇。

在2016年的政变中，土执政当局并未被推翻，也没有发生持续的对抗、冲突和混乱。由于政变被当局迅速平息，反对派势力大幅削弱，土耳其政府对政局、社会和经济的控制力反而因此得以增强。政变结束后，土耳其的政治风险在一定程度上得以释放，政府也采取了一系列有利于稳定社会、发展经济和改善民生的改革措施，使得土耳其的经济在2017年得以快速恢复，甚至实现了反弹。

另一方面，短期政局动荡导致土资产价值被低估，这为投资者提供了较好的市场进入机会。尤其是在发电行业，虽然市场恢复情况超出预期，但投资者对于大笔电站类资产投资仍持观望态度，致使土耳其电站项目估值处于历史低位，出现了难得的投资窗口期。

毕马威专家点评

"一带一路"沿线的一些地区政治风险较高，这引起了中资企业的关注。但在重视政治风险带来的负面影响时，企业也需要注意到，重视投资项目的政治风险并不意味着需要对风险进行过度或片面解读。

在某些情况下，短期政权动荡不一定会妨碍市场的中长期发展，有时甚至恰恰意味着政治风险的释放，成为促进社会变革的驱动因素，为社会和经济的中长期发展奠定了良好的基础。因此企业需要对政治风险进行辩证和动态的分析和研判，为科学决策提供依据。

02 隐形的市场门槛和显性的市场进入限制条款一样重要

初步市场调研结果显示，经过近三十年的市场化改革，土耳其电力行业对于外资已取消了牌照、燃料供应、当地用工和电力上网等方面的限制。因此，征延公司认为在土耳其电力市场对外资企业已实现国民待遇，与本地企业可公平开展自由竞争。

然而，毕马威服务团队经过深入调查后发现，土耳其电力监管当局虽未针对外资企业设置准入和运营等方面的障碍，但却通过各种补贴和售电等政策倾斜，帮助土耳其本地企业，尤其是国有企业获得了不小的竞争优势。这些倾斜性的政策主要包括：

- **对土耳其国有及公私合营的发电企业电量上网提供销售保障：**土耳其国有及公私合营发电企业可与土耳其国家电力批发公司签订长期购电协议，购电价格与公开电力交易市场电价脱轨，且购电协议有效期高达十年甚至以上。此类购电协议实际上形成了针对土耳其国有及公私合营发电企业的电力包销承诺和隐性电价补贴，而这个政策不对外资企业开放；
- **土耳其 2017 年 9 月出台的容量电价补贴政策征求意见稿明文规定：**土耳其电力监管当局每年为符合容量补贴（指按发电装机容量计算的政策补贴）的发电厂制定容量补贴预算，当预算额度不足以覆盖所有符合条件的发电企业时，将优先保证对本地企业的补贴发放，剩余部分按照均分原则发放给外资企业。因此，该补贴政策也明显不符合外资企业国民待遇原则，实际上强化了土耳其本地发电企业对外资企业的竞争优势。

毕马威专家点评

企业在“一带一路”沿线国家地区开展投资时，需要认识到无显性的市场准入限制条款并不代表外资获得国民待遇，企业还需要重视隐形的市场门槛。要做到这一点，企业就必须全面、深入地研究外商投资和行业监管政策，包括产业政策、税收优惠和各种政府补贴等。

03 市场化运营带来激烈竞争，但也降低了系统性风险

土耳其已实现了除输配电环节以外的电力供应链各节点之间的自由交易，同时建立并完善了电力交易市场机制和电价市场化形成机制。征延公司的最初判断是激烈的市场竞争将导致土耳其电力上网价格波动大，电价走势难以预测，从而影响目标电站估值结果的准确性。

然而，在对土耳其电力市场体系进行了更为系统和深入的研究之后，毕马威服务团队发现，在自由竞争的市场中，供求关系、竞争格局和上下游议价能力等因素成为电价形成的主要驱动力。因此，从中长期来看，市场机制下的发电环节投资、运营和竞争格局演变都更加符合经济学中的"理性人假设"原理，使得市场电价走势的可预测性大大提高，投资面临的系统性风险降低。反而是在指令性计划和监管定价下的市场中，电价走势更多地受到人为干预，从中长期来看不确定性增强。

这个结论也得到了预测模型的支持。在与土耳其市场电价预测公司紧密合作的基础上，毕马威战略团队将宏观、监管、国际燃料价格变动、气候等相关外部影响变量输入电价模拟预测模型后发现，模型预测得出的电价与历史电价耦合度相当高，从而印证了在自由市场机制下，土耳其电力价格预测的可信度明显高于征延公司最初的判断。

毕马威专家点评

企业在"一带一路"沿线开展投资时，须注意到虽然一些国家的经济和整体行业发展水平落后于中国，但某些特定行业的市场化程度却远远高于中国市场。一方面，这意味着更为激烈的市场竞争，但另一方面也表明在中长期，这些行业市场发展的可预见性和稳定性较强，中国企业可以利用公开、透明的市场规则参与竞争，实现公司战略发展目标。

在这样的市场中博弈也给了企业学习成长的机会，是中资企业成为世界一流跨国公司的必经之路。

04 避免掉入“注重历史和现状而忽视长远发展趋势”的陷阱

产业政策变化趋势

在土耳其，为扶持本土矿产业，政府对本地褐煤发电业持保护态度，并为此对褐煤发电最大的替代性能源产品——进口煤征收惩罚性关税。对此，征延公司的初步判断是，本地褐煤发电站受益于较低的发电成本，将对天然气电站形成较大威胁。

然而，在进一步分析了土耳其政府电力能源结构顶层设计方案、政策动向以及土耳其电力市场竞争格局之后，毕马威服务团队认为，从中长期看，土耳其政府对进口煤电的限制措施有可能发生变化，最有可能对天然气发电形成威胁的反而是进口煤电。

首先，虽然煤电不符合政府大力发展清洁能源、降低温室气体排放的战略方向，但煤电同时兼具发电成本低和发电量稳定的特点，能够满足政府制定的提高发电系统经济性和保障电网安全的能源战略目标，因此，在未来相当长的一段时间里，煤电仍将成为土耳其电力结构中的重要组成部分。

其次，调研和检测结果表明，用土耳其主要产区所产褐煤发电的经济可行性较低，无法实现低成本发电的目标。虽然在短期内土耳其政府可能不会改变其对本地褐煤发电的支持，但随着电力需求的不断增长，继续对进口煤发电进行严格限制将有可能导致电价飙升，进而制约经济发展。因此，未来土耳其政府很有可能会适度放松对进口煤电产业发展的限制，天然气发电的市场份额将会受到影响。

原材料价格走势

近几年来，页岩气革命大幅提高了天然气产量，而全球经济增长乏力导致天然气需求不振，这使得国际天然气价格一直在徘徊，征延公司因此初步判断在收购土资产后，天然气成本因素不会对电站盈利能力带来负面影响。

然而，毕马威服务团队却认为，从中长期来看，以欧盟和中国为首的国际社会对环境的关注度不断提升，为减少大气污染和温室气体排放，能源消费结构调整必然会朝清洁能源替代石油、煤炭等高污染能源产品的方向进行。因此，未来由天然气替代燃煤而带来的市场需求增长很有可能将会支撑天然气价格保持中长期温和稳定增长。

基于这样的判断，毕马威服务团队就中长期电站原材料价格将有可能出现上涨这一潜在风险因素，对征延公司进行了重点提示。

毕马威专家点评

由于中国企业在“一带一路”沿线的投资多集中在资本密集、回收期长的能源和基建等领域，中长期市场趋势和风险因素预判远比研究历史和目前的情况更为重要。

因此，在开展“一带一路”项目可行性论证时，企业应注意不要掉进“注重历史和现状而忽视长远发展趋势”的陷阱。比如，一个国家中长期产业政策的制定、实施和变化趋势将遵循经济和市场发展规律，在投资决策时，企业需要深入理解产业政策制定背后的驱动因素，判断产业政策的发展趋势，综合评估短期政策和中长期政策变化对项目投资和运营带来的影响。

05 潜在进入者往往比现有竞争对手更具威胁

土耳其主要发电方式分别为水电、煤电、天然气电和其他可再生能源发电。由于天然气发电成本较高，因此征延公司很担心其他发电方式可能会对天然气发电带来的威胁。

在综合分析了各类发电方式的优劣势和土耳其能源发展战略之后，毕马威服务团队认为，从中长期看，天然气发电在土耳其能源结构中的比重将大幅提升，而目前尚未投入运营的核电有可能成为天然气电的最强竞争对手。

首先，经过多年大规模的开发，土耳其境内的优质水电资源已经所剩无几，新的水电项目因为高昂的综合社会成本（对生态、水文、地质的影响，居民搬迁和城镇重规划等）遭到当地社区和环保组织越来越激烈的反对。同时，由于全球气候变暖，近年来土耳其频频出现干旱天气，发电灌溉两用水电站不得不将更多的蓄水量用于灌溉，导致现有水电设备的实际利用小时数不断降低，水电站项目的整体经济性显著降低。

其次，煤电属于高污染产业，从长期来看，清洁能源是发展趋势，煤电很难对天然气发电形成实质性的威胁。

第三，土耳其目前风电装机容量小、实际利用小时数低、输出不稳定、固定资本投资额高，使其无法成为电网主力电力来源。此外，电场的运营也需要高度依赖财政补贴才能维持盈利性，再考虑到土耳其风力资源丰富的西部地区已基本开发完毕，新规划的风电区多集中在风能资源不集中的东部地区，风电开发的盈利性将面临更为严峻的挑战。

最后再来看核电。土耳其政府已将核能视为电力能源发展的战略性选择，并已开始与多家国外核电集团接洽，开展项目初步规划。毕马威服务团队在综合分析了多方信息后判断，土耳其首家核电站有望在2025年左右投入运营。而核电由于能量密集、装机容量大、发电成本较低、无直接化学污染、使用寿命长，一旦投入市场将对天然气发电形成直接威胁。

毕马威专家点评

企业在分析、判断“一带一路”国家和地区的市场竞争格局时，需要尤其关注行业潜在进入者及其影响。由于“一带一路”沿线多为新兴经济体和发展中国家，市场、行业的竞争格局也在较快演进中。西方发达国家和中国市场的历史发展情况可作为研判“一带一路”沿线中长期市场发展方向和竞争格局演变趋势的重要参考依据。

06 目标资产的“软实力”与“硬条件”同等重要

资产质量、价格、投资环境等因素属于投资标的物的“硬条件”，而管理团队的经营理念和经验则是“软实力”。由于征延公司拟投资项目的运营和维护都外包给了专业团队负责，因此在项目的初期考察过程中，征延公司重点围绕项目的“硬条件”展开调研和分析，对于“软实力”的影响重视不够。

然而，基于过去积累的项目经验，毕马威服务团队指出，即便是在同样的条件下，不同的电站经营团队的管理能力和经验不同，采取的销售策略不同，这些不同将在很大程度上影响电站的收益水平。

比如，高水平的电站运营团队会制定详细发电计划，在用电高峰、平峰和低谷期根据计划准确调节发电量满足用电需求，有时甚至能做到每日调节。此外，运营团队还能够就突发情况及时作出反应。强大的计划制定和执行能力以及快速反应能力能够降低电厂的运维成本，提高盈利水平。

再比如，在抵御市场风险、提高电站业绩稳定性方面，高效的电站管理和运营团队能够灵活配比电力现货市场（日前、日内和实时交易）和期货市场的销售电量，利用各种电力衍生品实现套期保值和风险对冲。

在毕马威团队的建议下，征延公司把电站管理层的经验、过往业绩和团队稳定性也列为尽职调查的重要考量因素。

毕马威专家点评

企业在分析、判断“一带一路”国家和地区的市场竞争格局时，需要尤其关注行业潜在进入者及其影响。由于“一带一路”沿线多为新兴经济体和发展中国家，市场、行业的竞争格局也在较快演进中。西方发达国家和中国市场的历史发展情况可作为研判“一带一路”沿线中长期市场发展方向和竞争格局演变趋势的重要参考依据。

『一带一路』投资关键环节

——毕马威经典案例解析

二、交易篇

谈判桌外的较量

——投资策略与业务模式设计

核心提示

01 采取灵活的投资策略，与当地企业开展合作，实现双赢

02 巧妙设计运营模式，降低持股比例限制带来的影响，提升项目盈利能力

03 敏锐捕捉影响项目决策的关键因素，扬长避短，发挥核心竞争优势

征延公司位于中国某沿海省份，是一家综合性能源供应商，属于地方国资委监管企业。经过十余年的潜心发展，公司的清洁能源板块已经在国内外布局多个成熟项目，业务涵盖贸易、处理、发电等。在这个过程中，征延公司积累了丰富的并购和运营经验，并培养了一批优秀的技术专家。凭借这些优势，公司已经成长为国内领先的能源类综合性企业，并积极参加到“一带一路”建设中。

地处东南亚的林纳弗德是东盟成员国，油气资源丰富。但该国政府更迭频繁，历史上也曾经发生过政变，在近些年来一直是政治上比较敏感的地区。从商业环境看，该国经济总体上相对落后，几大商业巨头势力较为强大，贫富差距悬殊，政府服务意识较差，行政效率低。综合来看，林纳弗德的政治和商业环境较为复杂且波动性极大，属于具有重大投资风险的国家。

近年来，新一届林纳弗德政府上台后将工作重点放在促进经济发展上，并在能源领域制定了新的行业规划，旨在通过国际合作，引入具有成熟运营经验和雄厚资金实力的国际投资人开发国内资源，推动清洁能源的发展与应用，力争在短期内改变国内电力市场以煤电为主的格局，远期目标是把林纳弗德建设成为区域性的能源交易和转运中心。为推动能源产业发展规划落地，林纳弗德政府授权当地一家国有企业——斯利坦丁公司推出一个集清洁能源贸易、处理及发电为一体的综合性项目，作为林纳弗德清洁能源发展改革的第一步，面向境内外企业公开招标。

在得到招标信息后，征延公司组织相关部门对项目情况进行了初步分析。分析结论中正面因素包括：

- **资源丰富，市场前景看好**

林纳弗德地理位置优越，从其资源储量和区位优势来看，存在成为区域性能源交易和转运中心的先天条件。在政府支持和外资涌入的背景下，未来林纳弗德极有可能实现长远发展目标，而这也将有利于征延公司在该国及周边地区的运营。如果公司现在就率先投资进入林纳弗德的清洁能源产业，不仅更容易与政府建立良好的关系，也有助于公司在未来的市场竞争中赢得先发优势。

- **有利于公司海外业务的整体布局**

由于东南亚及南亚地区的政治相对较为敏感和复杂，征延公司在实施国际化战略的初期并未将海外投资的关注重点放在该地区。随着“一带一路”倡议向纵深推进和政府鼓励措施的不断出台，林纳弗德清洁能源项目为公司提供了一个进入该地区市场的契机，使征延公司不仅能够充分利用地区丰富的能源资源，还可以优化公司资源配置，为实现全球布局的战略目标打下坚实的基础。

- **有利于中国行业标准落地东南亚市场**

如果能够在早期进入林纳弗德的清洁能源产业，将会增强征延公司在该国及周边地区的影响力，在产业发展过程中拥有较大的话语权，这将有利于中国行业标准落地东南亚市场，也能够为征延公司的配套业务和其他中国公司的设备、产品和服务进入林纳弗德和其他东南亚市场铺平道路，并争取到优惠政策和有利的交易条件。

但同时，征延公司管理层对于投资该项目也存在一些顾虑，主要包括：

- **政治和商业环境复杂，招标决策过程不透明**

林纳弗德的政府工作效率较低，招标项目的实际进展通常会滞后于原进度安排。几大商业势力与政府关系密切，对政府和企业决策拥有很大的影响力，大型招标项目中也常常会出现这些商业巨头的身影。在这样的情况下，征延公司在投标时很难准确判断项目的主要决策者，也难以全面、深入地了解影响项目进展的各项因素，为公司制定项目推进策略带来困难。

- **行业基础薄弱，准确估值难**

目前林纳弗德的清洁能源加工与下游利用正处于发展初期，仅有少数几个运营中的清洁能源电站，在整体发电行业中占比很小，此外几乎没有其他应用。可以说，该国的清洁能源产业基础几乎为零，配套能力弱，技术工人短缺，这将为征延公司日后的运营带来不小的困难。

此外，虽然林纳弗德沿海地区资源较为丰富，但受条件所限，短期内开发利用较为困难。未来项目运营在短期内仍将依赖进口天然气，受成本影响，清洁能源发电的最终电价可能会高于煤电等发电电价。随着未来竞价上网有可能成为林纳弗德能源行业改革的主流方向，清洁能源发电的成本劣势将对项目未来收益带来不利影响。

综合考虑各项因素，征延公司认为项目的不确定性较大，在这样的情况下对项目进行准确估值比较困难，使得项目未来的盈利能力和投资回报前景不明朗。

- **项目竞争激烈**

根据初步了解的情况，不少国际能源公司也都对该项目产生了浓厚的兴趣，其中不乏日本、韩国等清洁能源产业发展较为成熟国家的企业代表，也包括俄罗斯和欧洲的一些大型能源跨国公司。与这些对手相比，征延公司在规模、技术能力和海外运营经验等方面并不具有明显优势，竞标成功的可能性不高，因此盲目投标有可能带来巨额经济损失。

面对正反两方面的考量，征延公司管理层中赞成派和反对派展开了激烈的讨论，最终，管理层通过了参与投标的决议。为了提高竞标的成功率，管理层计划聘请第三方机构协助公司制定项目投资策略，测算项目盈利性，并协助实施投资计划。最终，毕马威服务团队凭借对于东南亚市场的深入了解和丰富的能源项目经验赢得了该项目。毕马威专业人员的主要工作是围绕上述三个初步识别的风险点，同时挖掘项目在监管、市场和运营方面可能遇到的其他问题，提供全面的财务顾问服务。

在项目初期，毕马威的专业人员发现征延公司对于三大风险的认识不够全面，因此在后续工作中逐步对主要风险点进行了细化，并与公司管理层进行了深入的探讨。在本案例中，我们介绍了该项目推进过程中的关键环节，对企业在处理核心问题时容易出现的一些问题进行了重点提示，并分享了项目的成功经验，希望能够为其他计划在“一带一路”沿线开展能源类投资的中国企业提供一些有益的参考和借鉴。

01 采取灵活的投资策略，与当地企业开展合作，实现双赢

“一带一路”沿线国家和地区投资环境复杂多变，普遍存在较高风险。因此，为顺利推进项目，毕马威专业人员建议征延公司可考虑在当地寻找合适的商业伙伴联合投标。

在林纳弗德，商业势力对该国的政治、经济均会产生重大影响，商业巨头与政府部门存在紧密关系，贸然接触本地企业可能会导致公司站在与项目主要决策者对立的阵营中，直接输在了起跑线上。最初，征延公司计划通过邮件和电话的方式与斯利坦丁公司和相关监管部门建立直接联系，将发标方和政府部门作为选择商业伙伴的突破口，但由于政府部门和国有企业工作效率低下、沟通渠道不畅等原因，这些努力均以失败告终。此时，毕马威与征延公司联合工作组认识到，从大型商业巨头着手，与核心利益相关方建立项目沟通渠道刻不容缓。

联合工作组从政治格局和商业环境入手，详细分析了大型商业巨头的经济实力和政治影响力，初步排除了一些曾经与潜在竞标对手（如日本某能源公司）存在密切关系，或是已经在林纳弗德布局清洁能源的本地公司（未来的潜在竞争者），筛选出了一份潜在合作企业名单。

下一步如何在这些企业中再挑选出最合适的合作伙伴呢？毕马威全球中国业务发展中心在全球超过 60 个国家和地区设立了中国服务小组，小组成员中包括当地华裔。联合工作组开拓思路，充分利用这些华裔雇员的人脉关系，通过一些华商集团作为中间人，与林纳弗德的某些商业巨头建立了初步联系，并在其建议下进一步缩小了潜在合作企业的范围。

接着，联合工作组仔细研究了现政府执政后发布的一系列政策和公告，确定了几家在政府报告或官员公开讲话中明确表示赞赏、鼓励或支持的能源企业，并与之前确定的短名单中的潜在合作企业进行了比对。最后，一家在近期政府新闻

中频繁出现、并被确定为能源改革试点的上市公司——马德纳尔——进入了联合工作组的视线。

由于林纳弗德清洁能源项目在当地受到广泛关注，在毕马威工作团队的建议下，联合工作组选择借助中国驻林纳弗德大使馆的影响力与目标公司建立联系。最终，在大使馆的大力协助下，征延公司与马德纳尔公司建立了合作关系。马德纳尔公司的加入成为项目推进过程中的一个转折点，投标工作遇到的很多问题因此迎刃而解，从而使得征延公司在与对手的竞争中赢得先机。

毕马威专家点评

在很多中国企业的思维模式中，开展对外投资时倾向于占据掌控者的位置。然而，毕马威专家建议中国企业在"走出去"过程中，如果当地投资环境较为复杂，或是具有较高的投资壁垒，可以考虑在投资方式的选择上更富灵活性，比如与当地企业合资合作、开展少数股权交易、引入财务投资者等。

在开拓"一带一路"沿线市场过程中，中资企业与当地伙伴合作能够有效提升中国公司在投资地挖掘商业机会、成功达成交易并顺利开展运营的机会和能力。在一些情况下，合作伙伴的参与还有助于中国企业的投资项目获得投资地监管部门的批准，赢得当地社区和民众的认可和支持，快速解决日常运营中出现的一些问题。

我们建议中国企业在选择合作伙伴时可以重点考虑两类企业：一是在当地具有影响力且拥有丰富运营经验的企业；二是与相关政府监管部门，或者是积极促进相关产业发展的政府高层建立了长期、良好关系的企业。此外，在筛选合作伙伴时，中国企业需要对目标公司的资源和能力进行全面分析；在实施合作计划时，企业可考虑充分利用当地的华商集团，或借助当地大使馆的影响力和渠道建立合作关系，确保项目顺利推进。

02 巧妙设计运营模式，降低持股比例限制的影响，提升项目盈利能力

林纳弗德的清洁能源行业处于发展初期，缺乏行业标准和监管，市场可参照的价格锁定机制较少，这使得联合工作组在进行项目投资回报分析时缺乏依据。而本项目更为复杂的情况是，清洁能源的采购成本和电价就像天平的两端，紧密联系且相互制约，一旦项目的运营模式设计不合理，投资收益将无法得到保障。

在这样的情况下，联合工作组对该项目可采取的几种商业模式进行了梳理，并针对不同的可能性进行了场景分析和敏感性分析，最终确定了整体运营结构。具体来说，征延公司将形成“控股集团—资产—运营”三位一体的体系，成立三个独立的实体机构：

- 控股集团（中方控股）：属核心投资实体，下设多个独立的法律实体，分别从事项目中各特定环节业务的运营，从而实现不同业务流程的分离；
- 核心资产运营实体（外方控股*）：持有整个集团运营的核心资产（如土地和大型设施）；
- 运营管理公司（中方控股）：为全集团的运营管理提供专业服务。

联合工作组希望通过这样的安排实现以下目标：

- 有效分割项目中的不同环节和流程，提升各实体的运营专业性及效率；
- 降低当地法律针对外国投资人对于某些特定资产的持股比例的限制给项目带来的影响；
- 较快获得项目收益：林纳弗德合作伙伴运营经验和能力不足，征延公司发挥自身项目管理经验丰富的优势，在运营公司控股，通过向集团内各法律实体提供采购、日常运营、技术服务、销售支持等全方位的运营管理服务，

* 根据林纳弗德法律规定，在该业务中外资方持股不得高于一定比例。

收取服务费。通过这样的安排，征延公司能够较其他合作方更快地获得项目收益。

从实际效果看，这样的运营架构降低了投资收益过度依赖运营分红带来的项目风险，丰富了项目投资回收渠道，缩短了项目资金回笼周期。

此外，为有效提升项目的整体收益，联合工作组对项目价值链进行了深入分析，最终决定依照征延公司国内外投资项目的平均收益水平，对某些加工环节设定固定收益率，而这些环节的运营实体是由中方控股的。通过这样的安排，征延公司有效地把项目的采购和销售风险转移到其他环节，从而提升了项目整体投资回报的稳定性。

毕马威专家点评

在“走出去”的早期阶段，中国企业在能源工程项目中多采用EPC*的模式，以尽快回收项目投资，降低项目风险。但随着中国企业海外项目经验逐渐丰富，越来越多资金雄厚的中国企业开始实施战略转型，谋求在工程项目中持股并参与运营，希望能够获取持续收益。

目前，越来越多的“一带一路”沿线国家和地区结合本地经济发展状况、基础设施建设和创造就业的需求，向外资开放投资类基建工程项目，而EPC*项目建设则主要交由本地企业承担。此外，各国对外资持股比例进行限制已经成为普遍现象，因而商业模式选择不当将极大地压缩采用“产（建造）营（运营）结合模式”的外国投资企业的获利空间。

在建设和运营模式中把不同的业务环节设立为相互独立的结构单元，不仅可以使中国企业能够以建设投资为切入点进入市场，在运营阶段通过管理输出获得长期、稳定的收益，而且也能够在一定程度上降低投资地政府对外资在某些业务领域内持股比例的限制带来的影响，提高企业的盈利能力。我们认为，这样的模式将逐步被更多中国企业接受，成为“一带一路”市场的主流趋势。

目前，中国企业已经积累了丰富的海外市场经验，凭借强大的技术和运营管理能力以及雄厚的资金基础，中国企业有能力，也应该在“一带一路”项目中成为实力担当，以技术和经验为核心竞争力，换取投资回报。

*EPC（Engineering Procurement Construction）是指公司受业主委托，按照合同约定对工程建设项目的设计、采购、施工、试运行等实行全过程或若干阶段的承包。

03 敏锐捕捉影响项目决策的关键因素，扬长避短，发挥核心竞争优势

在项目初期与斯利坦丁公司的沟通中，毕马威服务团队发现对方十分重视其在多年前购进的部分清洁能源资产再利用的问题。然而，这些资产与本项目并不直接相关，而且由于林纳弗德国内产业落后使得资产的实际开发和利用受到限制，经初步判断，联合工作组认为该清洁能源资产的价值并不高。但毕马威专业人员敏锐地感觉到，能否协助斯利坦丁公司充分开发、利用这些清洁能源资产并实现收益，极有可能成为决策者筛选中标公司的重要考量因素之一。

在毕马威团队的建议下，征延公司在标书中特意设置了一个独立的章节，详细说明了对于斯利坦丁公司持有的清洁能源资产的开发和利用方案，并表示愿意在一定成本范围内提供专家支持，协助斯利坦丁公司实施技术方案。

此外，联合工作组还了解到，在本次评标中拥有较大话语权的斯利坦丁公司董事会是现政府执政后换届改选产生的，其主要目标之一就是推动新政府产业发展规划的落实。联合工作组敏锐地感觉到，这个项目对于公司董事会乃至当值政府来说十分重要，如果能在短期内见到成果，将会有效地提升政府支持率，并对促进林纳弗德清洁能源产业的发展具有实际意义。

综合考虑这些因素以及项目质量安全要求，在制定整体工程进度计划时，联合工作组对项目周期进行了合理筹划，并在投标文件中重点强调“中国速度、质量优先”的竞争优势。这样的安排不仅消除了斯利坦丁公司董事会对项目进度的疑虑，也充分体现了中国企业对于林纳弗德清洁能源产业发展及现政府的支持。

在分析竞争形势时，联合工作组把主要对手锁定为日本企业。日本拥有丰富的清洁能源产业发展经验，且近年来由于国内经济不景气，出现了存款负利率的情况，这使得日本企业在大型海外基建类项目中普遍能够提供明显低于市场平均利率的长期贷款。联合工作组清楚地认识到，即使征延公司使出浑身解数再加上

中国政府的全力支持，也很难在融资成本上体现出优势。针对这两个难题，毕马威专业人士提出了具有针对性和可操作性的建议。

- 强调行业经验的适用性

在清洁能源运营方面，征延公司应强调经验的适用性而非是否拥有丰富的经验。林纳弗德与中国一样属于发展中国家，在未来的清洁能源产业发展中可能会遇到很多在中国市场中出现过的问题，而这些问题有可能在日本等经济和清洁能源产业发展成熟的环境中不会出现。

基于这些考虑，毕马威专家认为，中国企业的行业经验对于本项目更为适用，因而建议征延公司在投标文件中特别强调，公司的运营经验是基于发展中国家的国情和独特的运营环境积累而成的，能够快速复制并应用于林纳弗德市场。

- 揭示低利率背后的苛刻条件

联合工作组针对日本海外投资项目的融资案例进行了深入研究，结果印证了毕马威专业人士最初的判断。天上不会掉馅饼，日本企业提供的低利率贷款的条件十分苛刻，包括项目建设所需设备和材料必须全部自日本国内采购，并要求投资项目享有更多税收及其他政策优惠。

在毕马威专家的建议下，征延公司在与斯利坦丁公司沟通时，特别强调中方致力于促进林纳弗德相关产业的发展，并重视斯利坦丁公司的诉求。因此，项目是以互惠共赢为基础、以两国企业共建的方式进行，中方提供的贷款不附加任何条件，大量设备和原材料将就地采购。

征延公司的明确表态，加上在多方努力下中日融资成本差异大幅缩小，使得斯利坦丁公司最终认可了征延公司的融资方案。

毕马威专家点评

“一带一路”沿线国家和地区多为发展中国家，项目目标通常是引入外部资金、促进国内经济发展。但在项目背后往往也伴随着一些需要揣测的隐性诉求。拨开迷雾，深入挖掘这些隐性诉求，并在沟通和投标文件中充分展示中国企业对于这些诉求的重视和解决问题的诚意，可以极大地增进双方互信，有助于中国公司赢得项目，保障项目的顺利运营。

在投标过程中，如果竞争对手在某一方面拥有明显优势，中国企业更应深入研究竞争对手的优势及背后原因，在此基础上结合自身情况制定具有针对性和可操作性的应对策略，从而缩小差距，甚至是将劣势转化为优势，最终在竞争中胜出。

防范风险需『多管齐下』

核心提示

01 重视谅解备忘录的关键条款，保护自身利益并赢得项目主动权

02 尽职调查工作需多个团队通力协作，项目总协调人作用不可忽视

03 “多管齐下”防范项目风险，为企业海外运营保驾护航

征延公司（买方）为某地方大型国有综合性能源企业，从事水电、火电、风电及光伏发电等业务。近年来，除了广泛在国内布局新能源电力资产以外，征延公司也在积极拓展海外市场，尤其是在“一带一路”沿线国家寻找合适的投资机会。但与很多大型国有企业倾向于在“一带一路”沿线开展绿地新建项目不同，征延公司更关注的是海外优质资产的并购项目。

通常来说，与并购项目相比，绿地投资周期长、投入大，投资者需要承担更多项目前期风险，而且对投资者的资金实力和海外市场的运营能力要求也比较高；但另一方面，绿地项目可以为东道国带来更多资金，创造更多就业机会，因此也较容易得到政府支持。

并购项目虽然可以使投资者通过收购股权或资产，快速实现在海外市场开展业务的目标，时间成本比较低，但需要注意的是选择合适的并购目标并不是一件容易的事，投资者需要从财务、税务、法律、商业运营、技术、人力资源等方面对并购目标进行全面调查和评估；此外，并购项目还涉及交易后整合工作，有研究结果显示，并购项目在交易后整合阶段失败的可能性超过百分之五十。由此可见，并购项目对投资者的海外市场经验和后期整合运营能力的要求更高。

格雷德集团（卖方）是一家大型国际电力集团，在亚洲及欧洲多地拥有大量电力资产。Y 国位于现代欧亚经济走廊和古丝绸之路沿线，是“一带一路”上的重要一站。格雷德集团在 Y 国的业务覆盖发电、配电及售电，是该国最大的非国有电力公司之一。

征延公司得到消息，格雷德集团拟分拆并出售 Y 国业务，其中包括部分水力发电资产。经过初步分析，公司认为 Y 国的水电资产与征延公司着力优化全球清洁能源产业布局的战略目标高度契合，而且公司在该领域也拥有丰富的海外运营经验。基于这些考虑，征延公司决定成立工作组，拟收购格雷德集团在 Y 国子公司的水电资产。

经过初期接洽，格雷德集团初步同意征延公司的收购请求，并计划着手剥离相关业务以促成交易的达成。

与此同时，征延公司工作组对该投资机会也进行了深入分析，初步识别的关键风险点包括：

- Y 国即将进行新一轮的议会选举，有可能出现政局不稳、政策发生变化的风险；
- 交易涉及复杂的资产剥离程序，增加了项目的不确定性，有可能使执行难度加大、项目周期延长；
- 拟交易的水电项目已运营超过 20 年，资产质量及未来为保证电站正常运营需投入的资本性支出，都存在较大的不确定性，这增加了项目价值评估的难度。

但分析结果中也包括不少正面因素，例如：

- 拟出售水电资产装机规模在当地处于领先地位，且已成功运营了较长时间，在价值分析时可参考的历史数据充分，为全面项目价值和风险评估提供了判断依据；
- Y 国是“一带一路”沿线发展较快的国家之一，近年来，政府着力发展经济，宏观政治、金融环境相对稳定，贸易政策具有竞争力，税负相对较低，投资环境具有一定的吸引力。此外，Y 国周边国家的经济也处于快速发展期，这为未来 Y 国电力出口提供了巨大的市场空间；
- 在双方接触初期，格雷德集团表现积极，在交易及合作模式方面表现出极大的灵活性。此外，格雷德集团在欧亚地区拥有丰富的电力运营经验，通过此次交易，征延公司可以与格雷德集团建立良好的合作关系，吸收先进经验，为公司在该区域的业务拓展奠定良好的基础。

征延公司管理层围绕该项目的正反两方面因素进行了深入讨论，最终通过了项目立项的决议。考虑到项目的复杂性，征延公司决定聘请第三方机构协助公司开展工作。毕马威团队凭借在欧洲及亚洲地区积累的丰富能源项目经验，以及全球统一的服务质量体系赢得了该项目，为客户提供“一站式”服务，工作内容涵盖财务顾问、财税尽职调查、税务架构筹划及人力尽职调查等领域。

随着交易的推进，征延公司和毕马威组成的联合工作组对管理层前期已识别的风险进行了逐步细化，同时，也发现了新的风险因素。在本案例中，我们对征延公司在此次交易过程中遇到的问题、识别出的风险及制定的应对方案进行了重点分析，希望能够为中国企业在“一带一路”沿线开展类似并购项目提供参考和借鉴。

01 重视谅解备忘录的关键条款，保护自身利益并赢得项目主动权

在项目立项后，征延公司向格雷德集团表示，希望可以尽快开展正式的尽职调查工作。根据卖方财务顾问提供的第一阶段交易流程函，征延公司需要签署正式的谅解备忘录以明确合作意向，并对拟收购水电业务进行初步报价。格雷德集团在评估初步报价并就谅解备忘录与征延公司达成一致后，才会开放数据库供尽职调查工作使用。

卖方提供的初版谅解备忘录中的关键条款包括交易范围及交易结构、交易时间表、定价机制及初步报价、项目时间表、买方资金来源及非独家谈判权约定等。

毕马威团队仔细研究了初版谅解备忘录的内容后认为，虽然其中条款均为常见条款，但主要是从卖方利益出发，未能对交易双方的权利义务进行合理分配，对买方权益保障不足；此外，一些重要事项没有在初版谅解备忘录中得到明确或者安排不合理。

针对谅解备忘录，毕马威专业人员提出了如下问题和建议：

- **谅解备忘录中未明确资产剥离的流程和时限，以及由此产生的费用和负债由哪一方承担**

卖方需要针对资产剥离流程，制定清晰且满足整体交易进度要求的计划和时间表，确保资产剥离工作不会影响并购交易的进行。此外，卖方还需承担资产剥离产生的费用和被剥离资产的负债，确保征延公司在交易后不会承担历史债务。

- **卖方提供的被剥离资产的资料不够全面**

卖方仅承诺在初步报价前提供水电业务的模拟资产负债表和模拟利润表，但为了全面了解被剥离资产的实际情况，为最终报价做好准备，还需要卖方说明模拟剥离原则，即卖方是基于哪些假设和考虑对资产进行了剥离，并提供资产未剥离前的运营数据。

- 修改有关融资承诺函的要求

卖方要求买方在初步报价阶段提供融资承诺函，而在初始阶段，项目仍存在很多不确定性(如买方内部审批)，因此取得银行提供的融资承诺函存在一定难度。

- 交易时间表安排过于紧张

建议卖方进行调整以确保征延公司有足够的时间完成全面尽职调查和价值分析工作。

- 争取排他期内的独家谈判权

尽管卖方表示该交易为竞争性出售流程，有可能会引入其他投资人，但毕马威建议买方在谅解备忘录中争取在一定排他期内的独家谈判权，以增强交易的确定性；此外，也可以根据卖方针对此要求的回应，侧面了解该项目竞争的激烈程度。

联合工作组基于以上五点对初版谅解备忘录提出了修改意见，并根据卖方提供的模拟财务报表，完成了项目的初步价值评估。此后，毕马威协助征延公司与格雷德集团就谅解备忘录条款展开谈判，毕马威建议中的大部分均属于对原条款在合理范围内的进一步细化，因而谈判也比较顺利，只是在排他性条款这一点上双方分歧较大。

最终，在双方前期良好沟通的基础上，经过联合工作组的不懈努力，格雷德集团终于同意给予征延公司四个月的独家谈判期。独家谈判权的获得，使征延公司在尽职调查及约束性谈判阶段拥有了较大的主动权，为项目的顺利开展奠定了基础。

毕马威专家点评

"好的开始是成功的一半"，在跨境并购交易中也是如此。项目初期阶段的主要工作包括获得投资项目信息、初步与卖方接触、签署谅解备忘录等。通常来说，在这个阶段不存在可以约束双方交易行为的法律文件，因此，在这个阶段如何保障自身利益也通常会被投资者忽略，最终使自身权益遭受损害。

在协助中国企业开展"一带一路"投资并购项目的过程中，毕马威团队观察到很多中国企业认为初步报价/谅解备忘录不具有法律约束力，因而轻易接受卖方提出的要求或设定的条件，使后续尽职调查和谈判工作常常陷入被动局面。

谅解备忘录虽不具有法律效力，但这是双方进入下一个交易阶段的基础，也会影响卖方对于交易未来走向的预期，因而具有重大意义。如果买方在项目后期希望变更已经在谅解备忘录中达成的条件，不仅需要提供充足的理由和支持性文件，而且由于卖方在此时已经形成了较高预期，说服其接受变更条款有可能会非常困难。

在这个案例中，我们看到在毕马威专家的协助下，征延公司在项目初期就积极把握主动权，为自己争取到有利的谅解备忘录条款，为项目后续的顺利开展铺平了道路。

因此，中国企业在开展境外并购项目的初期，需要重视谅解备忘录条款，在表达合作诚意的同时，也要敏锐识别关键风险点，积极争取有利于自己的交易条款，尤其需要重视的关键性商务条款包括：

- 要求卖方披露更多信息：建议在非约束性报价阶段，争取从卖方获得更多项目信息，为估值和挖掘风险因素提供更多依据；
- 为尽职调查工作创造良好的条件：争取更全面的尽职调查范围、更多的信息披露以及尽可能长的尽职调查时间，为深入、全面地开展尽职调查工作奠定基础；
- 争取排他谈判权：争取获得在一定时间内的排他谈判权，为项目的尽职调查和谈判工作赢得主动。

02 尽职调查工作需要多个团队通力协作，项目总协调人作用不可忽视

虚拟数据库在对外投资项目中得到了越来越广泛的应用。在签署了谅解备忘录之后，格雷德集团向征延公司联合工作组开放了虚拟数据库，项目正式进入尽职调查阶段。

此次交易的尽职调查工作范围涉及财务、税务、人力资源、商业、法律及技术等方面。其中，财务、税务、人力资源及商业尽职调查服务由毕马威专业团队提供，法律和技术尽职调查工作分别由在Y国电力市场拥有丰富经验的两家国际知名咨询机构承担。

在项目中，尽职调查工作团队成员来自不同国家的多个中介服务机构，确保工作团队和客户的沟通，以及各服务小组之间沟通的及时性和有效性，是保障项目顺利推进的关键因素。

考虑到实际情况，征延公司决定由毕马威交易咨询服务团队作为项目总协调人，协助征延公司制定交易计划、管理交易流程，并协调各服务小组的沟通和进度，主要工作职责包括：

- 制定项目计划和整体时间表，监督交易计划执行情况；
- 组织召开每周工作例会，检查各服务小组的工作进度，总结、汇报关键问题及解决方案；
- 持续追踪解决方案的执行情况；
- 协调征延公司与各服务小组的沟通工作等。

在本项目中，对于Y国电站的技术评估由一家国际知名的技术咨询机构负责，征延公司内部的技术团队同时也在进行技术方面的分析评估，毕马威交易咨询团队多次协调组织了征延公司与技术服务小组的专题讨论会，使征延公司能够全面、

深入了解当地电厂运行情况，准确评估项目潜在风险因素。

毕马威团队的协调工作，一方面保证了项目信息的共享和各服务小组间的充分沟通，提高了整个团队的工作效率；另一方面，也使征延公司能够及时了解项目进程、发现存在问题，确保项目按照既定时间表顺利推进，公司也有了更多时间挖掘、分析风险因素，制定风险应对策略。

经过近一个月的全面尽职调查，工作团队识别的关键风险因素主要包括：

- 政治风险较高：Y国正处于社会转型期，面临较高的主权和政治风险，历史上就曾出现过因政府换届带来的政府违约行为；
- 电力及税制改革存在较大的不确定性：市场消息称，Y国电力市场改革举措即将出台，新的政策方向和实施效果尚不明朗，未来行业发展存在较大不确定性；Y国新颁布的所得税政策鼓励外资企业利润再投资，政府有可能出台遏制资本汇出的系列政策。
- 电力销售缺乏保障：目前拟投资电厂并不持有长期购电协议，电力出口市场仍有待拓展，电价和电力销量缺乏长期、稳定的保障。
- 业务剥离过程较为复杂：根据初步掌握的情况，目标资产的剥离过程比预想的情况更为复杂，而业务剥离能否顺利进行将会给交易进程带来重大影响。
- 融资风险：Y国当地中资银行网点较少，融资难度大、成本高。
- 汇率波动风险：近年来Y国货币贬值趋势较为明显，项目面临较高的汇率波动风险。
- 控制权变更可能会对业务运营带来较大影响：发电许可证以及其他相关证照、业务和融资协议的主体能否顺利实现转移，将会对业务的持续运营带来较大影响。

毕马威专家点评

"一带一路"国家多为发展中国家，经济增长较快，发展空间巨大；另一方面，这些国家政治和商业环境复杂且波动性较大，行业基础薄弱，发展较为落后，属于具有重大投资风险的地区。因此，中企在"一带一路"开展投资尤其需要重视尽职调查工作和风险因素的识别。

在很多案例中，我们看到有些中国企业不愿意在尽职调查和风险识别等环节加大投入，而结果往往是节省了小额的前期费用，却由于缺乏经验、不熟悉商业规则等原因，在项目后期运营中面临数倍甚至数十倍的损失。

企业要开展全面的尽职调查工作，往往会聘请来自不同服务机构甚至不同国家的业务团队，这就涉及团队之间的协调沟通工作。海外项目的管理和团队间的沟通比较复杂，企业可以自己承担协调人的角色，但这往往要求企业拥有一支海外并购经验丰富且人员充足的团队，这对于绝大部分刚刚涉足海外并购的企业来说是很难做到的；而由牵头顾问统一协调尽职调查工作，可以充分利用国际化专业顾问团队丰富的海外并购经验确保项目的顺利推进，使企业能够在把握项目全局方向、挖掘项目核心风险点和制定风险应对方案等工作中投入更多的时间和精力。

03 “多管齐下” 防范风险，为企业海外运营保驾护航

股权收购协议（SPA）* 的谈判与签署是项目后期的关键一环，在海外并购交易中，卖方通常会要求买方在提交约束性报价的同时提交修订版 SPA，本案例也不例外。在尽职调查工作后期，项目团队已经识别出关键风险因素，并发挥专长，围绕发现的项目风险点和风险应对方案进行了深入讨论，为后期 SPA 条款的修订和谈判做好了充分的准备。

项目团队提出的制定风险应对方案的基本原则主要包括以下内容：

- **充分利用各种资源和工具为项目提供更多保障：**比如采用政策性信用保险产品，积极寻求富有经验的中介机构和国际多边组织的支持，最大限度降低政治风险敞口。
- **制定合理的融资方案：**根据项目的交易架构和现金流情况制定融资方案，优化收入和还款需求的匹配，降低汇率风险，同时考虑与金融机构就可行的掉期或套保安排进行磋商。
- **转移资产剥离相关风险：**将卖方资产顺利剥离作为交割的前提条件之一，充分了解卖方资产剥离流程和制约因素，实时关注剥离工作进展并评估剥离进程对项目可能带来的影响。
- **采取措施应对资产运营风险：**因为项目涉及复杂的资产剥离流程，剥离前相关电站一直由格雷德集团内部团队提供运维支持，为确保剥离后过渡期内电厂的正常运营，建议买方与卖方签订管理服务协议，由卖方团队在一定时期内继续提供运维服务。

---

* 一般情况下，初版 SPA 由卖方提供，随后买方会同时提交修订版 SPA 和约束性报价，卖方在对报价进行评估时也会综合考虑 SPA 中的商业条款。

- **转移电价波动带来的风险：**在估值模型中就电价变化进行敏感性测试，了解不同电价下企业价值的变化；将电价假设作为报价的前提条件之一，保留因电价变化在后续阶段调整报价的权利。

项目团队下一步的工作重点之一是根据以这些原则，在SPA中设计合理的风险规避和应对措施。

常见的风险应对措施包括将尽职调查发现的核心风险因素及可能带来的影响，直接反映在交易对价和交易结构的调整中，或是购买海外并购险等。然而，最为直接、效果也最明显的是在SPA中加入风险应对条款。

在本交易中，征延公司拟实施控股股权收购，在毕马威专家的建议下，征延公司在股权交易协议中增加了多个风险防范条款，下面介绍其中最为重要的三个条款的内容。

- **将不确定事项作为交割的先决条件：**对于客观上在协议签署前无法实现、存在巨大不确定性的事项，买方可以在SPA中加入交割先决条件条款，通过把某个事项的发生作为交割的先决条件，使协议的生效期延后。本案例中最大的未决事项是资产剥离能否顺利完成。征延公司在SPA中把资产剥离作为附加条件之一，将剥离顺利完成设为交割的先决条件，从而降低了由不确定事项带来的风险敞口。
- **设定价格调整机制：**常见的价格调整机制主要有两种，“交割日调整机制”和“锁箱制”。在“交割日调整机制”下，交割时买卖双方根据交割日已经审计的报表与估值基准日已经审计的报表净资产（或其他约定调整项）的差异，对交易价格进行调整；而“锁箱制”则更为简单直接，即买卖双方约定锁箱日，买方在锁箱日即取得股权，锁箱日之后目标公司的资产和负债都将归属于买方。

  在本案例中，由于预计在SPA签署时资产剥离程序无法完成，因此双方选择“交割日调整机制”，约定对剥离完成后交割日报表进行审计，并基于审计结果调整对价，以降低由资产剥离带来的不确定性。

- **明确交割期内卖方义务 / 卖方陈述保证 / 赔偿条款**：这三个条款是 SPA 中的关键内容，共同形成完整的买方保护机制。在本案例中，交割期内卖方义务条款中加入了“尽最大努力使剥离按时顺利完成”的内容；卖方陈述保证则加入了“保证相关证照、许可顺利完成转移的责任”；赔偿条款则规定，征延公司有权就任何资产剥离相关事项导致的损失向格雷德集团进行追偿。

毕马威专家点评

• “多管齐下”防范风险，为企业海外运营保驾护航

SPA是并购交易中的核心文件，在SPA中设置条款以细化针对关键风险的防范措施，是保护投资者利益最直接的方式。因此，我们建议中国企业充分评估关键风险可能带来的危害，并为之做好预案；在谈判和协议中，设计合理的风险分担、转移机制，把风险防范措施和补偿条件充分反映在交易条款中。如果无法与对方达成一致，企业要做好放弃交易的准备。在这个阶段，中国企业应在资金、时间、人员等方面加大投入。

此外，企业还要善于利用多方资源为海外运营保驾护航。政策性信用保险产品是一种积极的防御性手段，是转移、分散和规避“走出去”风险的重要方式之一；专业咨询机构能够在企业寻找对外投资项目、尽职调查、谈判和整合过程中提供全方位服务，弥补企业自身能力短板；此外，中国企业还可以在国际多边组织的协助下，开展投资前期的政策影响分析和项目识别，也可以寻求国际多边组织参与其海外项目，以增加项目开发手段，丰富对政治风险的管控措施。

• 掌握交易文件的起草权十分重要

常见的并购交易文件包括SPA、股东协议（SHA）或合资协议（JVA）等。起草文件的一方往往会在文件条款中使己方利益最大化，如果交易文件由卖方起草，而买方未能敏锐识别出其中的不利条款，则很可能给交易后资产经营留下隐患。此外，交易中多个文件内容繁杂、互相关联，在形成初稿后再对文件进行修改和审阅将是一件十分耗时、耗力的工作。

基于这些考虑，我们建议中国企业争取由己方律师起草交易文件，经项目团队、律师及财务顾问共同讨论后商定交易条款的具体内容，并由财务顾问最后把关。

• 小股东的权益保障和风险管控

本案例是一个中国公司收购控股股权的项目，但近年来，在毕马威协助中国企业开展“一带一路”项目投资过程中，我们看到很多中国企业采取先收购少数股权，再逐步增股、控股的收购模式。

通过这样的方式，企业可以先进入市场，然后逐步增加在经营决策中的话语权，在对市场和公司更为熟悉、双方的理解和互信进一步加深之后再控股目标公司，实现规避风险的目标。在少数股权交易中，买方需要考虑在SPA中增加保护小股东权益的条款，例如有关随售权*、回购请求权**以及优先购买权***的规定，同时也要在股东协议中争取到更多参与管理运营的权利。

---

* 随售权：又称随卖权、参售权、共同出售权或跟随权，是风险投资项目中的常见条款，指权利人（通常是少数股东）有权按照其出资比例参与到其他股东（通常是原始股东、多数股东）拟出售股权的交易中，以相同价格和条件出售其股权。

** 回购请求权：又称股东退股权，是指在公司存续期间，股东在特定条件下请求公司回购其股权的权利。

*** 优先购买权：又称先买权，是指特定人依照法律规定或合同约定，在出卖人向第三人出售标的物时，享有在同等条件下优先于第三人购买的权利。

深谋远虑，交易筹划护航

『一带一路』投资

核心提示

01 灵活设计交易架构和激励计划，实现多方共赢

02 购买并购险产品为交易提供额外保障

03 合理预估项目实际资金需求总额，为资金缺口做好预案

案例背景

征延公司（买方）是一家上市的基础设施行业综合解决方案供应商，在国内工程咨询领域处于领先地位。公司客户主要是大型工程承包企业，覆盖行业包括交通基础设施、水利、环境治理、建筑、电力等。

为了进一步实现“做大做强”的目标，更好地服务于客户在不同地区的建设工程项目，征延公司不仅陆续在国内收购工程咨询公司，还将眼光瞄准海外市场，尤其是“一带一路”地区。

“一带一路”沿线国家基础设施建设市场需求旺盛，市场容量大且增速较快。在“一带一路”倡议推动下，域内国家间互联互通领域内的合作逐步向纵深推进，中国各大型工程承包企业纷纷走出国门，积极参与到“一带一路”基础设施项目建设中。

考虑到客户需求和公司未来发展需要，征延公司计划在“一带一路”沿线寻找合适的收购目标，期望通过并购快速完成“一带一路”业务布局。

经过第一轮考察和筛选投资目标工作，征延公司发现，在“一带一路”沿线，寻找符合收购标准且有意愿出售公司资产的潜在收购目标并不容易。在项目组认真研究了美国《工程新闻记录》（ENR）发布的全球工程咨询企业排行榜并收集了大量工程咨询公司出售的市场情报之后，位于东欧林弗德国的纳德森工程咨询公司进入了征延公司的视野。

纳德森公司在 ENR 全球工程咨询公司排行榜上进入了前 100 名，虽然总部位于东欧，但在全球近 20 个国家设有办事处，目前在 40 多个国家运营项目。2013 年以来，在东南亚、中亚和印度市场，纳德森业务增长迅速。从业务板块看，除了在交通基础设施领域内实力较强外，纳德森公司在水利和环境治理行业也拥有一定竞争优势，而这两大板块恰好是征延公司未来业务发展的重点。此外，通过初步接触，项目组发现，纳德森的控股股东——东欧某知名私募基金——的资产出售意愿十分强烈，表示愿意与征延公司立即进行磋商。基于这些考虑，征延公司决定就收购纳德森公司控股股权项目展开工作。

在征延公司提交了收购意向书之后，私募基金表示初步接受该收购请求并开放了虚拟数据库。在项目组对数据库资料进行了初步分析之后，纳德森公司运营中存在的一些问题逐步显现出来。

- **近年来业绩大幅下滑，目前处于亏损状态**

2008 年金融危机爆发后，林弗德国基建市场萎缩，纳德森公司的业务量呈断崖式下跌。2013年，中国提出的“一带一路”倡议为公司发展带来新机遇。在经过多轮讨论和研究后，管理层决定开拓“一带一路”沿线市场，抓住区域基建行业的发展机遇，实施国际化战略。虽然战略初见成效，但由于林弗德国市场不景气，海外业务规模尚小，目前公司仍处于亏损状态。

- **营运资金短缺，账上留存大量贷款**

市场不景气和业绩不佳导致公司营运产生的现金流不足，因此只能通过获取银团贷款来支持业务发展，而大量贷款又产生高额利息，使公司运营成本增加。

- **公司海外业务较多，尽职调查工作难度加大**

公司在多个“一带一路”国家设有子公司和分支机构，一方面，这些国家确实存在较高的运营风险；另一方面，如果要在所有纳德森公司开展运营的国家进行全面的尽职调查工作，会使项目成本大幅增加。

基于这些问题，征延公司管理层就是否继续这个收购项目展开了激烈的讨论。考虑到项目的复杂性，征延公司决定聘请第三方机构协助公司进行项目决策。毕马威团队凭借丰富的“一带一路”项目经验、覆盖“一带一路”全区域的服务网络、对于工程咨询行业的深入理解以及强大的“一站式”服务能力赢得了该项目。

通过初步调研以及和征延公司管理层多轮讨论，毕马威团队认为纳德森公司具有一定的收购价值，这主要体现在以下三个方面：

- **目标公司在“一带一路”沿线多个国家设有办公室，已初步形成“一带一路”产业链布局**

纳德森进入“一带一路”市场较早，近几年随着域内国家基建市场快速升温，纳德森收入增长迅速，盈利能力也在逐步提升，目前“一带一路”收入占公司整体收入比例近50%。

“一带一路”沿线国家是征延公司未来业务拓展重点区域。如果在这些国家从零开始发展业务，不仅需要投入大量的人力物力资源，而且耗时长，成功率也缺乏保障。因此，纳德森在“一带一路”市场具有的先发优势恰好能够弥补征延公司的短板。

- **目标公司财务管理规范，公司治理结构清晰**

目标公司的控股股东为知名私募基金，小股东为公司管理层（“持股管理层”）。在多年基金持有期内，目标公司建立了规范的财务管理体系和IT系统，能够向潜在投资者提供较为全面的财务信息。

公司成立了董事会和股东会，针对预算管理、重大投资、关键经营决策等事项建立了一套规范的体系和流程，管理层的日常经营和年终考核也有章可循。良好的财务管理和公司治理体系大大降低了交易后整合工作可能面临的风险。

- **控股股东出售意愿强烈，持股管理层支持本次交易**

作为财务投资者，私募基金的投资周期一般为五至七年，而纳德森的控股股东持有公司资产已超过八年，急于寻找机会实现退出。对于持股管理层来说，控股股东发生变更必然会对公司运营产生不利影响，但征延公司的进入有可能使这样的不利影响降到最低。这是因为一方面，双方业务存在互补性，潜在协同效应较大；另一方面，征延公司来自中国，在获取“一带一路”专项资金支持方面具有优势。

基于这些考虑，持股管理层对征延公司收购意向表现出积极态度，多次与征延公司管理层面对面沟通。私募基金和持股管理层的态度使征延公司在项目初期即掌握了主动权，为后期磋商中为己方争取有利的交易条件奠定了基础。

基于毕马威的分析，征延公司也意识到，虽然纳德森的财务指标不尽如人意，但其海外业务布局和收入增长预期对于征延公司来说具有重大战略意义，最终，征延公司做出了收购纳德森控股股权的决定。

在本案例中，我们对交易过程中的关键环节、客户公司遇到的问题进行了重点提示，分享了项目的成功经验，希望能够为中国企业在“一带一路”沿线开展类似并购项目提供有益的参考和借鉴。

01 灵活设计交易架构和激励计划，实现多方共赢

在项目初期沟通过程中，私募基金提出的交易建议主要包括两个内容：

- 交易股份数量：出售全部私募基金所持股份。
- 交易金额：纳德森近几年业绩表现不佳，即使是计算息税折旧摊销前的利润也仅是微利水平。若采用常用的倍数法*计算，项目估值将低于卖方多年前的投资额。因此私募基金提出以一个远高于倍数法计算结果的固定价格出售股权。

在此前私募基金收购纳德森的交易文件中对随售权进行了规定，因此，持股管理层也选择以与私募基金相同的交易条件出售所持股份。

在分析了上述诉求后，毕马威团队认为，虽然这样的要求在并购交易中十分常见，但考虑到纳德森目前经营状况欠佳，如果以这样的条件实施交易将会使征延公司暴露在巨大的风险中，这主要体现在三个方面：

- 未来需要注入大量资金以维持公司运营

这样的交易条件意味着所有持股者完全退出，也就是说，征延公司所投入的资金将完全由控股股东和持股管理层获得，而非进入目标公司。考虑到纳德森当前的业绩表现以及存在大量银团贷款的情况，征延公司在交易后将需要向纳德森注入大量资金以助其摆脱困境，维持经营。

- 公司实现持续、稳定经营面临挑战

征延公司缺乏海外运营经验，在交易后相当长的一段时期内，目标公司的运营将主要依赖现有管理团队。尽职调查结果显示，目前管理层的薪资结构主要以

---

* 倍数法：这里是指采用企业价值 / 息税折旧摊销前利润的倍数，乘以企业息税折旧摊销前利润得出公司在独立情形下（不考虑协同效应的让渡）的企业价值。

固定薪酬为主，与业绩挂钩的浮动薪酬比例很小。如果持股管理层不再持有公司股权，那么在未来经营中管理层道德风险发生概率将会增加，目标公司运营将有可能失控。

- 交易价格虚高

控股股东提出的交易价格与征延公司管理层的预期相差较大，根据毕马威团队初步估计，该价格也远高于市场平均水平。而且，考虑到目前纳德森盈利状况不佳，未来公司资产价值有可能因为亏损而进一步缩水。

征延公司是上市公司，一方面需要考虑交易价格过高对公司未来经营将会产生的不利影响，另一方面也需要对公众股东负责，充分预估较高的收购价格有可能对征延公司在资本市场表现带来的负面影响。

针对这些风险点，毕马威团队充分考虑了征延公司和纳德森股东诉求、林弗德国同行业企业薪酬体系特点以及私募基金运营特性，在与各方进行充分沟通的基础上，提出了以下具有针对性和较强操作性的解决方案：

- 改股权收购为注资

将交易方式由收购股份转变为注资，不仅能够大幅稀释目前控股股东和持股管理层所持股权，使征延公司获得纳德森的绝对控制权和董事会席位，而且也可以使纳德森在交易后可以获得资金以偿还银团贷款，维持运营。

- 为持股管理层设计了更具吸引力的激励计划

降低固定薪酬比例，增加与业绩紧密挂钩的年度奖金和员工持股计划，从而提高整体薪酬水平。若超额完成业绩目标，持股管理层将获得高额奖金以及更多股份，而股份也将带来收益分红。

除了目前的持股管理层，毕马威团队还建议征延公司将其他关键岗位的管理和技术人员纳入员工持股计划中，进一步提高核心员工积极性。

- **灵活设计私募基金股份交易价格决定机制**

针对私募基金所持股份交易价格，毕马威团队提出两个方案：1）以一个较低的固定金额作为保底价格；2）以目标公司未来两年的业绩（息税折旧摊销前利润）表现为基数，乘以一个利润倍数计算交易金额，即：交易金额 = 倍数 ×（（P1+P2）/2）— 当期净负债。其中，P1、P2 分别为交易后第一年和第二年的息税折旧摊销前利润，利润倍数参考市场上评估同类型企业价值时采用的“企业价值 / 息税折旧摊销前利润”的估值倍数确定。最终交易价格选取两个方案中金额较高的一个。

该方案提出后，持股管理层和私募基金的反映大不相同。

在持股管理层看来，过去纳德森曾经有过辉煌的历史，目前经营不善主要是受到宏观环境影响，管理层有信心使纳德森重新回到行业领先者的地位，因此毕马威团队提出的提高与业绩挂钩的浮动薪酬比例的方案对持股管理层十分有利。此外，员工持股计划的实施将使持股管理层有望在未来获得更多股份，从而抵消了本次交易大幅度稀释持股管理层所持股份带来的负面影响。

对于私募基金来说，这个方案意味着两年后才能实现完全退出，不仅时间过长，而且交易金额中的浮动部分具有较大的不确定性。因此，控股股东提出提高固定金额，以实现快速回笼资金和降低交易风险的目标。

在得到这些反馈意见后，毕马威团队和征延公司管理层进行了深入讨论。最终，毕马威团队建议，利用私募基金与贷款银团之间良好的关系，促使私募基金在交割前与银团开展谈判，对目标公司账上的大额银团贷款进行减免，减免金额的百分之三十将奖励给私募基金。这种方式不仅能够提高私募基金实际所得，而且也会大幅降低目标公司负债。

针对私募基金对于公司未来业绩前景的担忧，毕马威团队也多次协调持股管理层与私募基金进行沟通，成功使私募基金重拾对公司经营团队和市场前景的信心。经过两周艰苦的谈判与沟通，私募基金最终同意了该方案。

毕马威专家点评

许多中国企业在开展“一带一路”并购项目时，对收购价格和风险因素十分重视，然而却往往忽视交易架构的影响。

在实际项目中，交易架构不仅涉及各方股份比例分配、收购新增或既有股份的方式，还会在很大程度上影响到税务负担和未来上市前景等诸多问题。可以说，设计交易架构是一个需要综合考量财务、税务和法律三方面因素的关键环节。因此，在交易初始阶段，中国企业需综合考虑收购目标、卖方和自身实际情况、所在地法律法规等因素，巧妙设计适合的交易架构，使自身利益最大化。

值得注意的是，最终采用何种交易架构还取决于双方的议价能力和谈判策略。在本案例中，买方在交易初期即取得主动权；在谈判策略方面，买方在毕马威团队的建议下，提出了具有吸引力的管理层激励方案，把买方、卖方和经营团队的利益捆绑在一起，提前赢得持股管理层的支持，取得了良好的效果。

02 购买并购险产品为交易提供额外保障

随着境外并购日渐兴起，越来越多的公司认识到尽职调查工作的重要性。在本案例中，征延公司聘请了毕马威团队协助开展财务、税务以及人力资源的尽职调查工作。由于纳德森在多个“一带一路”国家设有子公司，一些子公司的规模又比较小，比如位于塞尔维亚、克罗地亚等国的子公司，如果对所有子公司都开展细致的尽职调查工作，那么人力、物力和时间成本将会十分高昂。然而，如果不进行全面调研，征延公司管理层又担心出现重大风险，因此左右为难。

毕马威团队在分析了目标公司各子公司的具体情况后，提出三点建议：

- 对于销售收入占比较高、投入较大或是所在国风险评级较高的三类子公司开展详细的尽职调查工作。这些子公司或是对于纳德森整体运营影响较大，或是存在重大风险隐患，因此需要在尽职调查阶段加大投入；
- 针对除以上三类子公司以外的分支机构，在合并报表和总部文件层面开展尽职调查工作，以明确是否存在不合理现象或法定资料缺失的情况，并就特定问题进行追踪；
- 购买适合的并购险产品，针对未在尽职调查期间发现的潜在重大风险提供保障。

此时，卖方之一的私募基金也提出希望征延公司购买并购险产品，由并购险为一些有争议的“陈述与保证条款”提供额外保障，以缩短双方在讨论相关条款时所耗费的时间。因为征延公司缺乏购买并购保险产品的经验，因此希望毕马威团队能够协助判断此次交易是否需要购买并购险以及购买并购险的成本。

针对这些问题，毕马威团队根据过往项目经验并结合本次交易特点进行了深入分析：

- 在本次交易中建议征延公司购买并购险产品，主要原因包括：

1）与其他并购项目相比，"一带一路"沿线投资项目的不确定性和风险较高，除尽职调查以及"陈述与保证条款"之外，如购买并购险产品将可以更好地保护买方利益；

2）私募基金通常倾向于寻求完全、无责任退出，购买并购险有助于实现这一目标，因而更能调动私募基金达成交易的积极性；

3）由于控股股东——私募基金——是通过设立特殊目的实体*对目标公司进行控股，因此如果未来发现交易存在任何问题，征延公司向私募基金要求赔偿损失也将是一件耗时费力的事情，在这样的情况下并购险将会提供额外保障。

- 在本交易中，可考虑购买的并购险产品包括两种：

1）防范交易风险的并购险产品，例如针对"陈述和保证条款"购买并购保险产品；

2）防范目标公司运营风险的并购险产品，如董事及高级经理人员责任保险产品。

- 关于并购险费率

一般来说，"陈述与保证"并购险产品的费率取决于赔偿上限，通常在百分之一至百分之三之间；若设置较高的赔偿上限，保险费率也将相应提高。此外，需要注意的是，与一般"陈述与保证"并购险产品相比，特殊"陈述与保证"并购险产品的费率较高，如环境风险、诉讼、税务等。根据毕马威团队分析，本次交易特定类别风险较低，因此可以考虑不够买特殊"陈述与保证"并购险产品。

- 关于并购险成本分摊

并购险成本可以由交易双方共同负担，负担比例由双方谈判决定，在交易中

---

*特殊目的实体是为了特殊目的而建立的法律实体。在并购交易中许多私募基金通常会设立特殊目的实体，并通过后者直接控股目标公司。

握有主动权的一方可以争取承担较少的成本。在本次交易中，私募基金出让股权的意愿强烈且希望实现无责任退出；从潜在买家来看，除征延公司以外没有出现其他竞标方。因此毕马威团队建议征延公司充分发挥交易主动权在握的优势，在谈判中争取由私募基金承担更多的并购险成本。

征延公司在充分考虑了购买并购险的利弊以及相关成本后，接受了毕马威的建议，并在毕马威团队的协助下，在谈判中积极争取由控股股东承担并购险成本的百分之六十。

毕马威专家点评

虽然在国际并购项目中交易双方购买并购险的情况很常见，但是大多数中国企业对于并购险却不是十分了解，很多企业还停留在通过分期支付款项来降低交易风险的阶段。根据毕马威团队以往项目经验，在跨境并购中买方提出分期付款要求往往意味着将失去交易机会，因此我们建议中国企业通过购买并购险的方式降低跨境交易风险，加快项目进程。

尤其是当中国企业在“一带一路”沿线开展投资时，虽然详细、全面的尽职调查确实是交易中不可或缺的关键环节，但由于“一带一路”域内国家投资风险较高，而且在本案例中目标公司运营涉及多个国家，因此仅开展尽职调查工作并将发现的关键风险点反映在“陈述和保证条款”和“特殊保证条款”中无法为交易提供足够保障，而并购险则为企业提供了另一道防护屏障。

购买并购险需要注意的一些关键点包括：

- **需提供英文尽职调查报告**

保险公司通常会要求保险购买方提供由国际知名事务所出具的英文尽职调查报告作为参考，这主要是因为提供并购保险产品的保险公司一般都是国际大型保险公司，审核员也为外籍人士。此外，承保公司还可能要求保险购买方就一些问题进行澄清，若尽职调查工作不够详尽，将很难通过审核。

- **承保公司通常会拒绝仅购买特殊“陈述与保证”并购险产品的要求**

保险公司通常只会向已购买了一般“陈述与保证”并购险产品的客户提供特殊“陈述与保证”并购险产品，如果保险购买方仅购买特殊“陈述与保证”并购险产品，保险公司通常会拒保。

- **并购险购买流程周期较长**

从保险购买方提交尽职调查报告到承保公司出具保单，一般至少需要两周时间。此外，保险购买方选择合适的承保公司也相当耗时。因此毕马威建议中国企业在为“一带一路”项目购买并购险时，应充分考虑项目时间表要求，尽早与各保险公司接洽，充分利用保险经纪人的服务缩短购买周期。

03 合理预估项目实际资金需求总额，为资金缺口做好预案

经过两个多月的尽职调查和谈判工作，征延公司和卖方进入到交易合同签订阶段。此时，征延公司项目经理与毕马威财务顾问团队联系，希望能够确定此次交易的实际投资总额，为向征延公司董事会汇报做准备。

在沟通中，毕马威团队认识到，征延公司理解的投资总额即为交易额，这其实忽略了交易后纳德森运营资金和资本性支出的需求（即“额外资金需求”）。

根据财务尽职调查结果，纳德森营运资金需求主要包括存货（已确认收入减去开票收入金额）、应收账款和应付账款；资本性支出需求主要包括境外收购工程咨询公司或设立新公司所需的资金投入。由于实施国际化战略和近几年在“一带一路”市场的扩张，纳德森每年都需要为营运资金周转和资本性支出投入大量资金。

纳德森多年持续亏损使公司目前运营产生的现金流已无法满足未来发展需要；同时，由于公司负债率较高，即使在交割后利用征延公司的注资还清部分贷款，纳德森也难以再从银行获得资金支持。因此，毕马威团队在分析了纳德森未来发展规划并进行了相关财务预测分析后指出，除3,000万美元交易款外，征延公司还需投入的额外资金总量高达1,000万美元，两者之和才是本项目的实际资金需求总额。

针对这个项目的资金需求，毕马威团队从实际出发向征延公司提出了以下融资建议：

• 通过股东借款和海外融资获取资金

纳德森所需资金的来源不仅局限于征延公司资本金注入，股东借款也是一个可以考虑的渠道。与资本金注入相比，股东贷款更为灵活：若纳德森未来经营状况良好，征延公司可以收回这笔借款用作他用；若纳德森经营状况不佳，因为征

延公司的这笔股东借款需要支付利息，而利息支出可以在税前扣除，因此这笔借款可以实现为纳德森公司节税的效果，增加税后可分配利润。

此外，征延公司还可以考虑通过海外融资为纳德森提供资金，这也是一个与当地金融机构建立良好关系的良机。

- 事先与贷款银团沟通，提前为可能出现的资金缺口做好预案

在尽职调查工作中，毕马威团队发现银团贷款合同中包括控制权变更条款，根据这个条款，银团有权在目标公司发生控股权变更时撤回贷款。因此，毕马威团队建议征延公司在纳德森持股管理层和控股股东的协助下，提前与贷款银团就此次交易进行沟通，赢得对方的理解与信任。否则，在交易签约后，纳德森很有可能因为贷款银团突然撤回资金而陷入困境。

最终，由毕马威团队牵头，在纳德森持股管理层和私募基金的协调下，征延公司和银团最终签署了谅解备忘录，后者承诺在征延公司成为纳德森的控股股东后，将继续为纳德森提供融资。此外，征延公司通过股东贷款为纳德森提供额外资金的计划也得到了落实。

毕马威专家点评

由于中国境内外资金流动尚受到一定限制，且大多数中国企业在海外资金有限，因此在跨境并购项目的中后期，中国企业需要预估交易实际资金需求总量，制定融资计划并就资金汇出总额在外汇管理局进行登记。如果最终需要汇出的资金总额（包括交易款和需额外投入的资金）远大于登记数额，且目标公司难以从当地市场获得其他融资，目标公司的运营可能会受到不利影响。

与其他项目相比，“一带一路”投资更容易获得金融机构支持。考虑到海外市场借款利率远低于中国境内利率，毕马威建议中国企业充分利用国际金融机构、海外金融机构等融资渠道进行项目融资。因此，中国企业在开展“一带一路”项目时，不仅要重视与中国主要政策性银行建立良好关系，也需要与投资地金融机构、国际金融机构和新型多边开发金融机构等保持经常性沟通，探索多方面合作机会。

『多用途』财务模型

核心提示

01 巧妙设计财务模型使其更具灵活性

02 财务模型为科学决策提供依据

03 敏锐捕捉项目风险点并量化其影响

征延集团是大型央企，主业为电力生产、热力供应、煤炭等一次能源开发以及相关专业技术服务等。“一带一路”倡议提出后沿线国家热切响应，一系列重大项目得到落实并逐步取得成效，在这样的背景下，征延集团也加大了在“一带一路”沿线的投资力度。

东南亚国家属“一带一路”沿线地区，拥有丰富的黑色及有色矿产资源，在近几年中国—东盟合作日趋紧密的大环境下，依托中国经济的持续、稳健发展，东南亚国家也迎来了难得的战略发展期，经济保持强劲增长。与此同时，东南亚各国政府对于加强基础设施建设、改善投资环境的需求也日益迫切。

征延集团的主营业务和技术优势恰好契合了东南亚国家的诉求，在经过严谨的项目分析和论证流程并综合考虑了集团竞争优势及“一带一路”沿线各国的投资环境和市场需求后，集团将目标锁定在东盟某国煤电一体化项目上，计划在当地投资电站，并收购该国煤矿，为所投资电站提供配套燃煤。煤矿及电厂两部分的总投资金额高达数亿美元。

“一带一路”国家多为发展中国家，经济发展相对滞后，许多领域内的法律法规仍有待完善。征延集团拟投资项目涉及股权并购、绿地基建项目投资与运营、与当地政府和中方融资银行的谈判等工作。虽然集团在投资与运营海外煤电项目方面已经积累了一定经验，但对当地投资环境缺乏了解，而且在某些专业领域内的知识、经验体系也不够完善，因此希望引入外部服务机构，在短时间内协助集团理清头绪，推动项目顺利开展。

毕马威服务团队凭借对于东南亚市场的深入了解和丰富的能源项目经验赢得了该项目。这个项目前后历时三年时间，毕马威团队协助征延集团开展了煤矿估值、商业 / 财务 / 税务尽职调查、电厂财务模型搭建、与煤矿持有方、当地政府 / 购电方和中国融资银行的谈判、交易交割、融资计划执行等工作。

本报告结合案例介绍了“一带一路”项目估值和投资回报分析环节的主要工作，对财务模型如何支持投资决策、税务筹划和挖掘项目风险点等重点内容进行了深入分析。

01 巧妙设计估值模型使其更具灵活性

征延集团计划投资的煤矿拥有三处矿权——区块一、区块二及区块三，考虑到资源用途、开采期、开采条件和资金使用需求，征延集团针对三个区块设计了两套开发方案。

方案一：区块一及区块二同时开发，区块三开发时间点推后

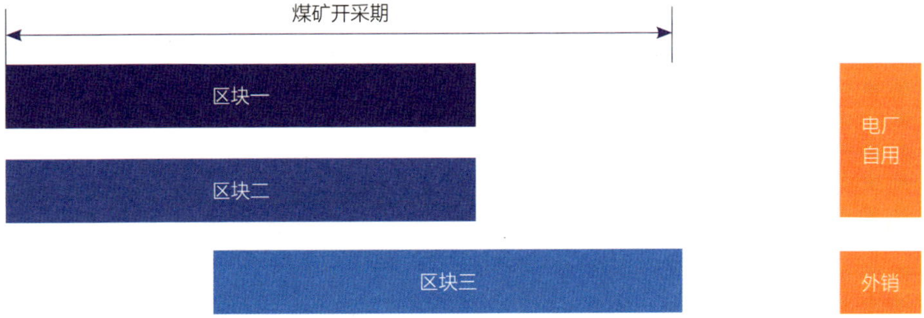

方案二：推迟区块二的开发时间，将区块三开发时间点提前

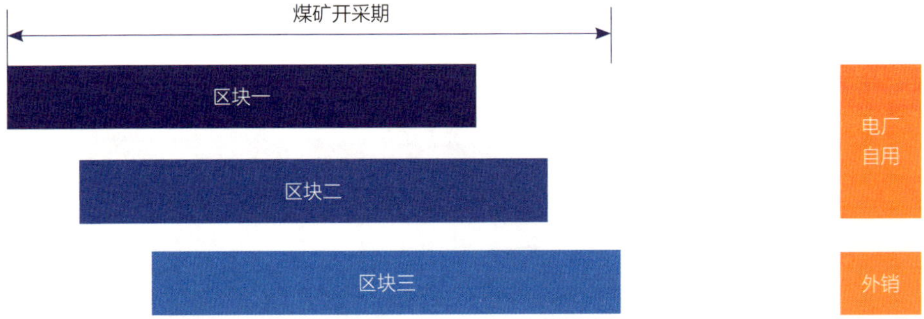

根据管理层计划，区块一、二的产煤将用于电站发电，区块三产煤外销。在两套开发方案中，区块二与区块三的开发时点有所不同。一般来说，矿产项目在开发初期需大量资金投入，而不同的资金流出时间节点会对项目整体收益率产生很大影响。区块一的开采条件较为成熟，区块二的煤质虽然优于区块一，但仍需一定的资金和时间投入才能具备开采条件，因此在两个方案中，区块一的开采都是排在首位，而区块二和区块三的开采时间点前后有所调整。

- 在第一个方案中，区块一与区块二同时开始开采，产煤均供电厂使用；在区块一及区块二开始开采一段时间后再开采区块三。在此方案下，由于区块一与区块二同时开采，项目前期将产生大额资本性支出，对项目前期现金流带来较大压力，因此方案将区块三的开采时间推后，以缓解资金压力；
- 在第二个方案中，区块一开始开采一段时间后，再陆续开采区块二与区块三。由于区块二开采时间推迟，项目前期资本性支出压力有所缓解，因此区块三的开发时间点也较方案一有所提前。但因区块一煤质限制，电厂的发电效率及运维成本将有可能受到不利影响。

在搭建估值模型时，毕马威团队充分考虑了项目背景和两套方案背后客户的考量，使估值模型能够全面反映出两套开发方案中资金投入时间点的不同、相应资金用度和资金缺口的变化及其对估值结果可能产生的影响，以方便客户在特定条件发生变化时快速对两套方案进行对比和分析。

毕马威团队为客户搭建的财务模型采用了模块化设计的方案：

- 输入模块：在假设输入板块，财务模型全面纳入了对项目收益产生影响的各参数并对其进行分类，实现了输入参数的高度归集，客户可任意切换不同方案的假设条件（例如开发时间、总造价、融资方案等），对不同条件和参数进行调整和自由组合。此外，除了现有的两种开发方案之外，毕马威团队在模型假设输入板块中还增加了一个选项，供客户自行定义第三种方案的假设输入条件；

- 计算模块：按不同财务科目大类进一步细化，易于理解和检查；
- 输出模块：结果输出实现了界面化和可视化，能够汇总、展示包括主要假设条件、收益率及银行偿债等在内的主要指标，利用最小的篇幅展示出重要的财务信息，直观明了，方便管理层审阅、分析和汇报。此外，在出现贷款违约、资金缺口等特殊情境下，财务模型会自动生成风险提示，提醒使用者重新审视财务数据，对出现的风险点进行逐一分析与排查。

这些设计原则使财务模型更为灵活，不仅能够准确反映出项目实际情况，而且能够量化不同运营决策对项目财务指标产生的影响，为管理层决策提供科学依据。

02 财务模型为科学决策提供依据

无论是绿地投资还是并购交易项目，财务模型在整个投资流程中都扮演着至关重要的角色。通过财务模型，企业管理层能够整合投资方案 / 收购策略、税务筹划、融资架构、运营模式等各项因素，量化分析这些因素对项目投资回报产生的影响。在针锋相对的交易谈判中，完善、灵活的财务模型可以在第一时间为管理层的分析和决策提供强有力的支持。

下面的内容将详细介绍财务模型如何充分评估商业模式、财税政策、交易结构等各方面因素对项目估值和投资回报产生的影响，为项目决策提供科学依据。

支持购电协议谈判

在本案例中，项目主要收入来自售电。因此，决定电价的购电协议对项目能否实现股东预期收益至关重要。

在项目进行过程中，毕马威估值团队与征延集团管理层和其他顾问团队通力协作，共同收集项目电厂运营参数并根据客户要求建立电厂财务模型。在这个过程中，电价是核心参数，也是购电协议谈判的关键点。毕马威团队在建立财务模型的时候，以电价公式为出发点，根据正、反向两种推导机制反映出各项成本因素、电价以及项目最终收益率之间的关系。

该国电力体制参考平准化电价（Levelized Tariff）的评价标准，采用“固定因素 + 变动因素”的电价计算原则，即：

电价 = 容量电价（固定因素）+ 能量电价（变动因素）
　　= 资本支出和股东回报（A）+ 固定运维成本（B）+ 传输线路投资（E）+
　　燃煤成本（C）+ 可变运维成本（D）

其中：

- 容量电价 =A+B+E，为电价组成中的固定部分，取决于电厂投资额及预期回报率等因素；
- 能量电价 =C+D，为电价组成中的可变部分，取决于电厂上网发电量、煤价、运营效率等因素；
- 购电协议中的电价将覆盖电厂投资与运营成本，并使项目业主能够获得一定的资本回报（包括在 A 部分中）。

在财务模型设计中，毕马威团队综合考虑了正、反向两种推导机制，以反映电价对于项目投资回报的影响：

- **根据电价正向推导回报率：**在给定电价、项目总投资及各项成本费用假设情况下，测算项目回报率；
- **根据回报率反向求解电价：**在给定项目总投资、各项成本费用以及管理层预期回报率假设的前提下，求解目标电价。

财务模型计算结果使征延集团能够充分了解各成本因素对于电价和项目投资回报带来的影响，为制定购电协议谈判策略提供了科学依据。

为优选交易方案提供支持

在对外投资项目中，巧妙、合理的税务架构筹划不仅能够使企业降低税负，提高投资回报率，还可以帮助企业结合长期海外投资规划对海外资金调配进行前瞻性布局。毕马威建议，在税务筹划中，企业应首先关注项目所涉及的国家在项目不同阶段（包括初期建设、运营及期末退出阶段等）的税务监管要求，结合企业自身海外业务布局现状和规划，制定多个税务筹划备选方案。针对各备选方案，企业应在明确项目具体投资金额及股权比例等交易条件后，利用财务模型定量分析不同方案对项目投资回报率产生的影响，在比较分析后决定最优方案。

考虑到本案例涉及多重控股架构、各公司间交叉持股等情况，交易架构复杂，毕马威税务团队结合当地法律和行业监管要求（如外国投资人持股比例限制等），为项目设计了不同的股份转让、股东贷款等投融资方案以及相应的税务筹划方案，以最大限度地帮助客户节约投资和税务成本。

在详细了解了该国税制要求和客户律师团队的法律意见之后，毕马威估值团队在财务模型中，针对不同税务筹划方案可能产生的税费及其对项目估值和收益产生的影响进行了量化分析，客户以此为基础，在毕马威团队的协助下选定了金融机构融资方案和项目退出方案。

此外，毕马威估值团队还根据税务尽职调查的主要发现，从投资回报的角度针对不同海外业务架构、供应链筹划方案等进行了场景分析，测算出不同方案下的项目整体回报率，为征延公司选择最优交易方案提供了决策依据。

为融资谈判和制定资金计划提供依据

在电厂投资项目中，为协助客户寻找融资方并测算不同融资条件下的项目回报率，毕马威估值团队根据以往经验，在建立电厂估值模型时就内嵌了融资结构模块，同时根据融资方案差异，在模型中预设了多个“情景选项”，供管理层根据测算需要灵活调整模块设置。

这个模型可以使征延集团根据不同融资条款，对各种还款机制（如等额本息、等额本金、提前还款等）对现金流的影响进行模拟测试，同时将项目现金流与偿债负担匹配，通过测算寻找既能缓解项目还款压力、又能最大限度降低财务成本的最优融资方案。

在协助征延集团与融资方就融资条款进行磋商的过程中，毕马威的财务模型能够快速计算出不同融资条件下的项目回报，为征延集团的融资谈判提供有力支持。

此外，毕马威团队还利用“现金流瀑布”模型*，协助征延集团了解项目资金需求波动情况、资金缺口和资金用度，以此为依据制定短期贷款、偿债和股东利润汇回等资金安排计划。

* 该模型可根据不同股权优先层级和贷款优先层级，将项目现金流在不同的股东和债权人之间进行分配。

03 敏锐捕捉项目风险点并量化其影响

构建财务模型的过程，其实也是进一步分析和梳理项目各重要假设参数及其风险点的过程，估值模型可以成为防范项目风险的重要抓手。

生产计划制定不合理带来的风险

在建立煤矿、电厂及项目整体财务模型的过程中，毕马威团队注意到根据煤矿生产计划，区块一和区块二的年产煤量之和高于电厂每年用煤量的估计值，征延集团管理层对此的解释是，在满足电厂用煤的前提下，两个煤矿富余的煤产量可以以市场价格向外销售。

然而，管理层访谈获得的信息显示，卖方和征延集团均没有与潜在的煤炭购买方就煤炭供销协议进入实质性谈判，目前富余煤产量外销还只是停留在管理层内部计划阶段，销量、售价等均存在很大的不确定性；此外，根据煤矿生产计划和电厂用煤计划，出现富余煤产量的情况主要发生在项目运营后的前五年。如果按照设想的产煤量、电厂用煤量和预估的市场外销收入数据构建财务模型，项目初期的现金流入将大幅提高，得出的估值结果有可能使煤电整体项目的投资回报率“虚高”。

针对这一风险点，毕马威团队在建立财务模型的初期就与征延集团管理层进行了充分沟通。为了展示这一风险可能带来的影响，毕马威团队在财务模型中设置了“煤矿产量与电厂煤耗完全匹配”的测试场景，结果显示，在项目运营前五年，煤矿项目现金流入总额显著下降。

毕马威团队就测试结果与征延集团管理层进行了沟通，并建议对方与生产和技术专家重新讨论、调整煤矿生产计划，尽量匹配电厂需求。在组织各方专家进行了多轮讨论后，征延集团最终确定了生产计划调整方案，在最大程度上使项目初期煤产量与电厂用煤量匹配；此外，征延集团还对具有重大不确定性的外销方案进行了调整，以降低其对估值的影响。基于新的生产计划，毕马威团队重新测算了项目估值，计算结果显示煤矿的价值有了一定程度下降。根据这个结果，征延集团调整了项目收购价格，显著降低了项目成本。

汇率及物价指数（CPI）波动带来的风险

汇率波动风险：由于工程总造价投入、未来项目运营成本以及贷款还本付息中，绝大部分需要以美元计价和支付，而电费收入是当地货币，因此当地货币贬值会对项目整体收益产生较大影响。

毕马威团队对项目外汇风险敞口进行了测算，制定了相应的外汇套保方案，对汇率波动带来的潜在风险进行了量化。在财务模型中内嵌外汇风险模块，就可以对汇率变化进行"压力测试"，从而充分评估外汇风险并制定应对预案。

物价指数波动风险：完善的财务模型还能够充分反映出物价指数变化对于电价和项目收益带来的影响。例如在本项目中，在对该国当地采购的物资和劳务成本进行预测时需充分考虑当地 CPI 变化趋势，对从境外（例如中国或美国）采购的物资和劳务成本的预测则需考虑中国或美国的 CPI 变化趋势。此外，搭建财务模型时还需要考虑到在整个项目周期中，境内 / 境外采购比例可能会发生变化（本地采购比例逐年增加），以准确测算采购成本并在此基础上确定电价，使最终电价能够充分覆盖项目成本，确保股东能够获得预期回报。

财务尽职调查关注点

核心提示

01 行业监管对项目收益带来重大影响

02 财务信息不完整蕴含重大交易风险

03 关联方交易的潜在影响

04 结合当地财税政策合理估算股息收益

05 资本支出将会影响经营收入

06 防范历史债务可能带来的风险

案例背景

征延集团是中国一家全球知名的综合能源工程与服务提供商，属于由中央直接管理的国有重要骨干企业。“一带一路”倡议提出后得到了沿线国家的热切响应，一系列重大项目逐步落实并逐步取得成效，在这样的背景下，征延集团也加大了在“一带一路”沿线的投资力度。

2,000多年前，中国古丝绸之路横跨欧亚大陆，林纳弗德国（以下简称“林国”）是这条连接两大洲的古代商业贸易通道沿线的重要国家，具有重要的战略地位。林国拥有近一亿人口，在过去近十年的时间里，林国GDP保持平稳增长。但林国电力基础设施发展较为落后，电网老化严重，电力供应缺口较大，成为制约林国经济发展的瓶颈之一。根据林国政府最新公布的能源发展计划，2018—2022年间，林国电力市场投资将达350亿美元，电力将成为林国能源基础设施中发展最快的领域之一。

在林国，电力产业由四大板块组成：发电、传输、分配和零售。目前，除传输环节仍完全由国有公司控制外，其他业务领域均已引入社会资本参与运营。

征延集团的主营业务和技术优势恰好契合了林国电力投资需求。在梳理了集团“一带一路”业务战略的基础上，项目组全面深入分析了林国电力市场现状和未来发展趋势，对潜在投资目标进行了初步筛选，对重点项目开展了可行性研究，最终，集团将目标锁定为林国某配电和售电项目。

“一带一路”国家多为发展中国家，经济发展相对滞后，许多领域内的法律法规仍有待完善，投资风险较高。征延集团虽然在投资与运营海外输配电项目方面已经积累了一定经验，但对林国投资环境缺乏了解，而且在某些专业领域内的知识、经验体系也不够完善，因此希望引入外部服务机构，为项目的顺利开展保驾护航。

在这个项目中，毕马威专业人员协助征延集团开展了财务尽职调查工作。本案例介绍了项目财务尽职调查工作的主要环节并总结了工作中的关键点，对企业在“一带一路”沿线投资过程中容易遇到的一些财务风险进行了重点提示，希望能够为其他计划在“一带一路”沿线开展能源类投资的中国企业提供一些有益的参考和借鉴。

01 行业监管对项目收益带来重大影响

在投资海外电力项目时，监管风险是投资者关注的重点之一。为在交易对价中合理体现电力监管风险，企业需要开展财务和监管尽职调查工作，深入了解当地电力市场价格形成机制，全面分析影响收入的各项因素，并通过建立财务模型量化这些因素对项目收益产生的影响。

电力行业在林国为受监管行业，行业法规对项目收益产生重大影响，而当地能源政策和法律框架变化频繁，因此成为财务尽职调查的一个重点内容。

在财务尽职调查的过程中，毕马威团队首先对当地的电价机制进行了详尽的调研，并深入分析了电价机制对投资收益带来的影响，主要发现包括：

- 定期调整电价形成机制：林国电力监管部门每五年调整一次电价形成机制，因此通常来说，在一个监管周期内，每年的电价及其组成部分是不变的；
- 区域电价的制定：林国共分为 21 个配电区域，相关资产归国有公司所有，但营运权已全部转给私人公司。政府部门根据当地监管要求和不同类别用户预期电力消费量确定区域电价收入水平，当地配电公司可以按照监管部门认可的方式在不同用户组别间分配其应收费用。当一些区域的收入高于或低于被许可的水平时，实际收入和监管部门认可的收入水平的差异由价格均衡机制进行调整，该机制确保资金从低成本区域转至高成本区域。价格均衡机制的最终结果可能会造成低损耗区域电价下降、高损耗区域电价升高。
- 设定价格上限：在林国，规模以下用户仅被允许从其所在区域的售电公司购电，售电公司按季度基于每个用户组别预期售电量和预期电力采购价格确定平均零售电价（须经由能源市场监管机构批准）。因此，监管部门设置了价格上限以保护处于垄断性区域电力市场中的中小用户的权益。

这样的价格形成机制对企业经营收益带来正反两方面的影响：

一方面，透明的价格机制和监管体系使投资发电行业的企业在中长期拥有稳定的现金流，通过建立财务模型可以较为准确地预估项目投资回报率；

另一方面，政府对电力市场的严格监管降低了企业经营的自主性，也限制了收入规模的增长。

在构建财务模型时，毕马威团队充分考虑了这些因素的影响，为项目团队确定合适的交易价格、挖掘项目潜在风险点提供了科学依据。

02 财务信息不完整蕴含重大交易风险

“一带一路”沿线各国在政治、经济、文化、社会等方面存在巨大差异，而且大多数国家属于发展中国家，会计制度不够完善，与国际会计准则差异较大，针对企业会计信息处理的监督和控制不够严格。

在开展财务尽职调查工作过程中，毕马威团队注意到目标公司的审计师对于尽职调查审查年度的财务报表均出具了保留意见，主要存在问题包括：

- 缺乏对已逾期未减值的应收账款、应收关联方款和其他应收款的账龄分析。这主要是因为审计师无法获取充分的审计证据以核实相关应收账款的可回收性，因而也无法判断应收账款、其他应收款、营运支出、其他收益和所得税是否需要进行调整；
- 未将业务模块和财务模块进行整合。大量用户的抄表结果是以 Excel 表格的形式按用户大类组别进行汇总（例如居民、工业等），然后由财务部人员手工录入财务模块。该操作流程涉及大量的人工操作，在这个过程中出现差错的概率较高，因此，实际业务运营数据与财务模块数据可能存在重大差异。

针对这些问题，毕马威提出的专业建议包括：

- 要求卖方在股权收购协议中提供完整详尽的“陈述和保障条款”，因重大资料缺失可能给买方带来的潜在损失将由卖方承担，因实际业务运营与财务模块数据存在差异而对本次交易带来的潜在影响也将由卖方负责；
- 购买防范交易风险的并购险产品，如针对“陈述和保证条款”的并购保险产品；
- 在交易完成时进行交割审计，以保护企业免受隐藏的或其他未予报告的债务和潜在风险影响。

此外，毕马威团队还发现，管理层无法提供目标公司的合并报表。在这样的情况下，毕马威团队在管理层的协助下编制了模拟合并报表，提供给项目组作为投资决策时的参考依据。

03 关联方交易的潜在影响

企业在“一带一路”沿线地区开展投资时，需要关注关联方交易对企业运营以及交易价值带来的影响，防止目标公司利用关联交易转移利润。

本案例中的目标公司在审查年度期间，与关联方的交易主要包括材料采购、建造合同分包以及电力销售。在尽职调查过程中，毕马威团队对目标公司的关联交易进行了详尽的调查与分析，主要发现的问题包括：

- 实际营运支出虚高

为符合能源市场监管机构批准的年度监管营运支出标准，作为关联交易安排的一部分，目标公司将大量实际为关联方工作的员工工资转由目标公司支付，该部分工资构成了目标公司营运支出基数的一部分，因而夸大了实际营运支出基数。能源市场监管机构在制定下一周期目标营运支出标准时，会综合考虑过去三年平均营运支出水平（基于效率参数调整）。因此本期净营运支出降低虽然会提升当前监管周期内的盈利水平，但同时可能会使下一个监管周期的电价降低；

- 存在大量应收关联方的售电款逾期未收回

针对营运支出虚高的问题，毕马威建议在股权收购协议的“陈述和保证条款”中加入保护性条款，明确因能源市场监管机构可能对关联交易进行处罚或对收入上限进行调整带来的负面影响或损失将由卖方承担，同时卖方还需与相关监管部门就交易后不对目标公司进行追溯性处罚达成一致。

针对大量应收关联方的售电款逾期未收回的问题，毕马威建议在财务报表中计提充足的坏账准备，并在交易对价中体现其影响。

04 结合当地财税政策合理估算股息收益

股息是投资收益的重要组成部分。在财务尽职调查阶段，企业需重点了解有关股息分配的监管要求、外汇管制政策以及针对股利汇回的限制，从而在估值模型中准确反映股息分配数额和时点。

在2013年以前，林国的非上市公司是按照与国际财务报告准则不同的林国法定会计准则下的净利润计算股利。根据2014年1月1日生效的林国《商业法案》，在平均资产规模、净销售额及员工数量这三个指标中，有两个或两个以上的指标达到一定标准的公司将须采用林国财务报告准则（类似于国际财务报告准则）编制财务报表，并按照林国财务报告准则口径下的净利润计算上一年度股利，其他公司则可以继续按照原法定会计准则下的利润计算股利。

根据新《商业法案》要求以及毕马威团队的估算，征延集团拟投资目标将很可能需要按照林国财务报告准则要求编制财务报表。通过比较两种准则下股利分配金额，毕马威团队发现国际财务报告准则下的未分配利润将远低于法定会计准则下的计算结果，因此预计 2018 年采用林国财务报告准则后，征延集团从目标公司获取的可分配利润将大幅减少。

此外毕马威团队还提示客户股利将会支付给 SPV 公司（为从林国私有化管理局取得目标公司股权而设立的特殊目的实体），因此还需考虑从 SPV 提取现金的方案。

05 资本支出将会影响经营收入

在林国，配电行业的资本支出受到严格监管，资本支出摊销将通过电价补偿给目标公司，然而，需提醒中国企业注意的是，这部分补偿是基于已批准的资本支出计划而非实际的资本支出。因此，在同一监管期间内，实际资本支出与已批准的资本支出计划之间的差异并不影响电价补偿金额，即在该监管期不会反应在电价中，也不会使监管机构对收入上限进行调整。但是，如果五年监管期间内的实际资本支出低于已经批准的资本支出金额，那么在随后的五年监管期的第二年，相应的电价补偿将减少，以反映该差异。

毕马威团队在尽职调查过程中发现，目标公司在监管期内的实际资本支出低于已经批准的资本支出计划。如果在整个监管期间内这个情况没有发生变化，那么在下一个监管期内，目标公司的资本支出可能会增多，所获得的电价补偿减少，从而影响收入上限。

针对这个情况，毕马威团队建议在估值模型中将资本支出滞后加以体现或将其作为净负债处理以调减收购对价；同时，在股权收购协议中的卖方责任部分加入与实际资本支出滞后事项相关的“陈述和保障条款”，以应对后续监管期可能出现的收入上限调整或弥补因资本支出滞后而产生的罚款。

06 防范历史债务可能带来的风险

中国企业在“一带一路”沿线的投资多集中在资本密集的能源和基建等行业，被投资企业往往背负沉重的债务负担。因此，在财务尽职调查阶段，中国企业应对目标公司历史债务情况进行详尽、彻底地清查，在交易文件或交易对价中充分体现尽职调查发现的问题，以避免在项目交割之后出现不应由中方承担的大额债务。

在本案例的财务尽职调查工作中，毕马威团队发现目标公司账上存在多笔大额逾期应付未付的燃料款、税金、基金（如能源基金）等。然而，目标公司在法定报表上并未就逾期应付未付款计提任何罚款或利息，而这些罚款或利息在财务模型中应该作为负债项目加以考虑。

毕马威团队测算了逾期应付的罚款和利息，提示中方公司应在交割日前获取税务机构和能源供应商的官方函证，以确定实际逾期款项余额以及相关的逾期罚金和利息总额；同时在交易对价的调整中考虑这部分成本的影响，并在股权收购协议中明确逾期罚金和利息的具体金额和相关保证，比如由卖方承担此部分罚金和利息的偿还义务，如卖方不同意承担，则需在交易对价中进行扣除。

『一带一路』投资关键环节

——毕马威经典案例解析

三、风险管理篇

风险量化模型

——分析并购项目风险因素

核心提示

01 传统的估值方法难以全面挖掘并评估项目风险因素

02 动态价值分析模型可以量化项目风险价值，确定估值分布区间

03 项目的不确定性和风险价值评估结果为投资决策提供科学依据

04 动态价值分析帮助企业预估并比较不同经营策略的实施效果

征延公司是一家从事电力投资的大型企业，计划收购欧洲某风力发电项目。该项目风力资源丰富，地理位置优越，每年的发电量能够满足约 30,000 户居民用电需求。近期，该风力发电项目实现了完全商业化运营，拥有稳定的现金流，财务表现稳健。从投资环境看，该项目所在的林纳弗德国是“一带一路”沿线重点国家，行业监管制度较为健全和透明，市场发展潜力较大。

在进行项目可行性分析时，征延公司发现基于传统的现金流折现法建立的财务模型无法准确估算投资项目价值，使管理层在进行项目决策时缺乏科学依据。

在这样的情况下，征延公司决定借助外脑，通过引入创新价值管理体系，实现从管理思维、方法论到管理工具的全方位转变，在科学决策的基础上实现项目收益最大化的目标。

最终，毕马威风险管理咨询服务团队凭借成熟的创新价值管理模型和丰富的项目实施经验，赢得了为征延公司提供相关服务的机会。

01 传统的估值方法难以全面挖掘并评估项目风险因素

通过传统的净现金流折现法估算投资项目的静态净现值（Net Present Value，以下简称 NPV），其实是基于固定或某一时点的静态假设，无法反映出未来不确定性因素的变化及其对项目带来的影响，因此也难以客观反映资产的价值和投资回报。

在本案例中，征延公司拟投资的风电项目面临的主要不确定性因素包括电价、风力、利率和汇率波动等。首先，林纳弗德国当地市场的电价机制是完全市场化运作，电价波动较大；其次，项目所在地的风力资源的不确定性对于项目预期的发电量也会产生较大影响；第三，风力电场投资较大，利率和汇率波动都会在很大程度上影响项目的盈利能力。

因为存在这些不确定性，征延公司和毕马威联合工作组一致认为，基于单一、静态假设做出的判断难以全面揭示在不同情况下该项目可能具有的盈利能力，也无法全面挖掘并评估项目可能面临的下行风险，因而使项目价值估算存在较大局限性。

02 动态价值分析模型可以量化项目风险价值，得出估值分布区间

动态价值分析模型（Dynamic Value Analysis，以下简称 DVA）弥补了 NPV 模型的不足，把战略管理、财务管理和风险管理紧密地联系在一起，实现了对风险因素的量化分析和价值评估，为企业在不确定性环境下的价值管理和战略决策提供科学依据。

在毕马威专家指导下，联合工作组深入细致地梳理了风电项目评估遇到的问题，针对项目具体情况建立了不确定性价值模型，以协助企业明确并量化电价、风力、利率与汇率等不确定性价值与风险价值。

建立模型的过程主要包括四个阶段：

1. 识别并选择不确定性因素

在项目初期，联合工作组列出了对项目价值带来重要影响的诸多不确定因素，按其重要性进行排序，最终确定了需要进行重点分析并纳入不确定性价值模型中的主要因素。

2. 多渠道收集数据

获取分析不确定性因素需要的数据。在本案例中，数据来源包括征延公司、风电项目运营方和第三方机构出具的技术报告、毕马威全球内部信息数据库以及外部公开渠道，多渠道收集信息确保了数据的真实性、可靠性和及时性。

3. 进行不确定性风险预测分析，建立概率分布

利用多个金融学、经济学、数学、统计学等模型工具对收集的数据进行分析，通过曲线拟合获取不确定性因素的概率分布。

在本项目中，电价是一个重要的不确定性因素。项目组通过分析电价走势，明确未来电价波动将主要受到两大因素的影响，即：

- 未来年度电价走势；
- 每日电价受其他因素影响而出现的随机变化。

项目组运用多种工具模型和所收集的数据对这两大因素进行了深入分析，在对这两个因素的分析结果进行拟合的基础上，对未来林纳弗德国电价走势进行了预测（见图 3-1）。

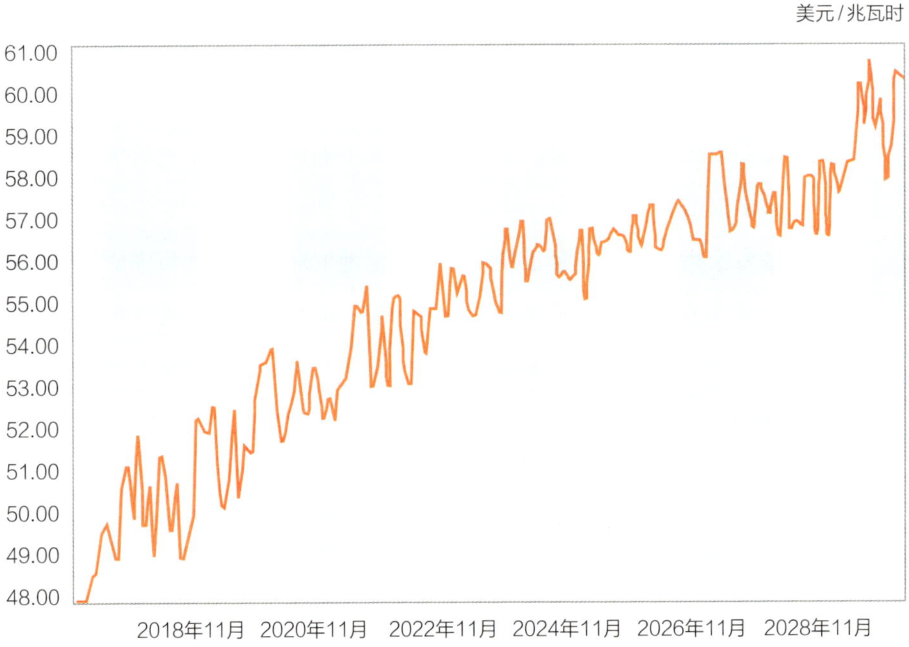

图 3-1　林纳弗德国电价走势图（2018—2029）示意图

4. 结合不确定性因素分析与 NPV 估值模型，估算项目价值

将拟合获取的风险因素走势预测与已有的 NPV 估值模型相结合，计算充分考虑不确定性因素影响情况下的项目价值。

在本案例中，当假定折现率为 10% 时，估值模型计算得出的静态 NPV 为 200,593,000 美元，带入发电量、市场电价和利率三个不确定因素，通过蒙特卡洛 * 模拟得出考虑不确定性因素的 NPV 累计分布函数（见图 3-2），取其分布

* 蒙特卡罗方法又称统计模拟法或随机抽样技术，是一种以概率和统计理论为基础的随机模拟计算方法，它将所求解的问题同一定的概率模型相联系，用电子计算机实现统计模拟或抽样，以获得问题的近似解。

函数均值（即 Mean 值）作为考虑不确定性因素后的 NPV 价值，即 174,189,000 美元。因此，不确定性价值即为静态 NPV 与考虑不确定性因素后的 NPV 之差，在本案例中这个值为 26,404,000 美元（见图 3-3），为静态 NPV 估值结果的 13.2%。

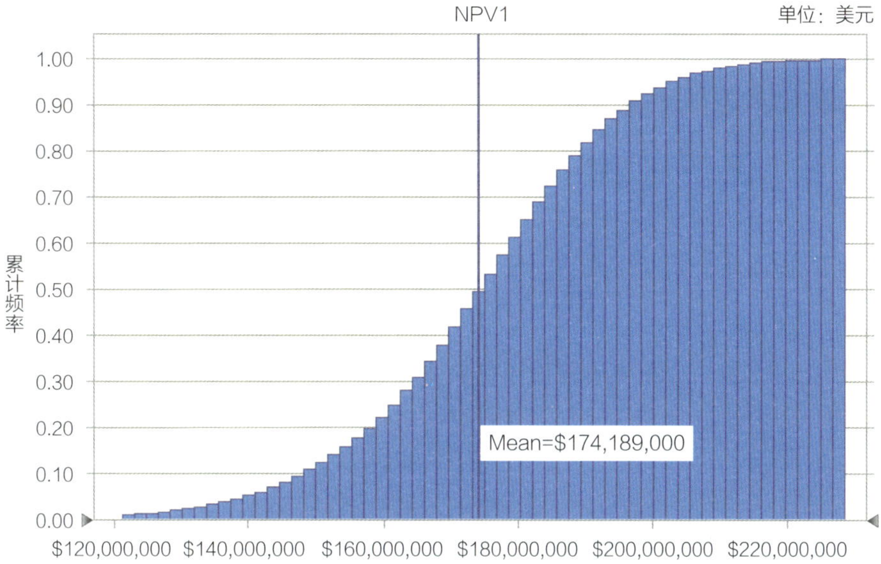

图 3-2　考虑不确定性因素的 NPV 价值示意图

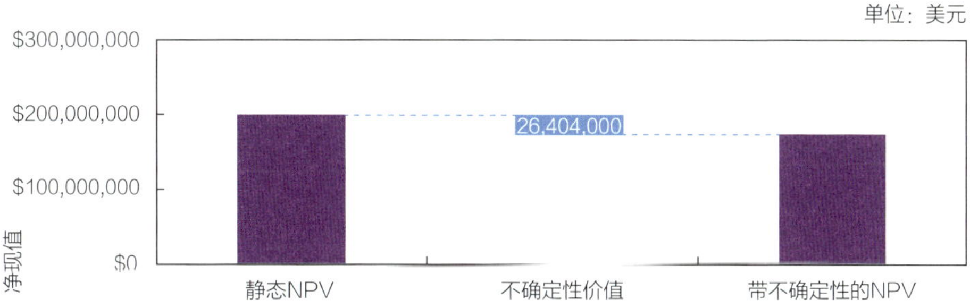

图 3-3　风电项目的不确定性价值示意图

通过不确定性价值评估模型计算，工作组得到了项目价值分布区间，企业可根据项目价值分布图清晰地了解到不同项目价值结果出现的可能性，以此为基础进一步准确评估并量化可接受的潜在下行风险。

- 在图 3-4-1 中，累计概率 30% 对应的值为 164,801,000 美元，即项目未来现金流量小于 164,801,000 美元的可能性为 30%，未来现金流达到或超过 164,801,000 美元的可能性为 70%；如果收购价格定为 164,801,000 美元，投资者将承受 30% 左右的风险，风险偏好为保守型；
- 在图 3-4-2 中，累计概率 70% 对应的值为 186,145,000 美元，即项目未来现金流量小于 186,145,000 美元的可能性为 70%，未来现金流达到或超过 186,145,000 美元的可能性为 30%；如果收购价格定为 186,145,000 美元，投资者将承受 70% 左右的风险，风险偏好为进取型。

根据这个模型，投资者可以根据自身投资风险偏好，确定适合的项目估值区间。

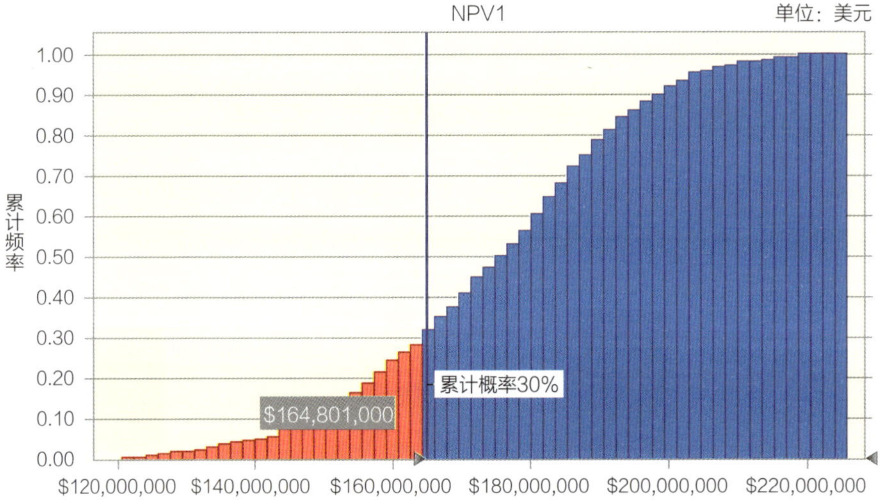

图 3-4-1　企业 70% 可能性可以达到的 NPV

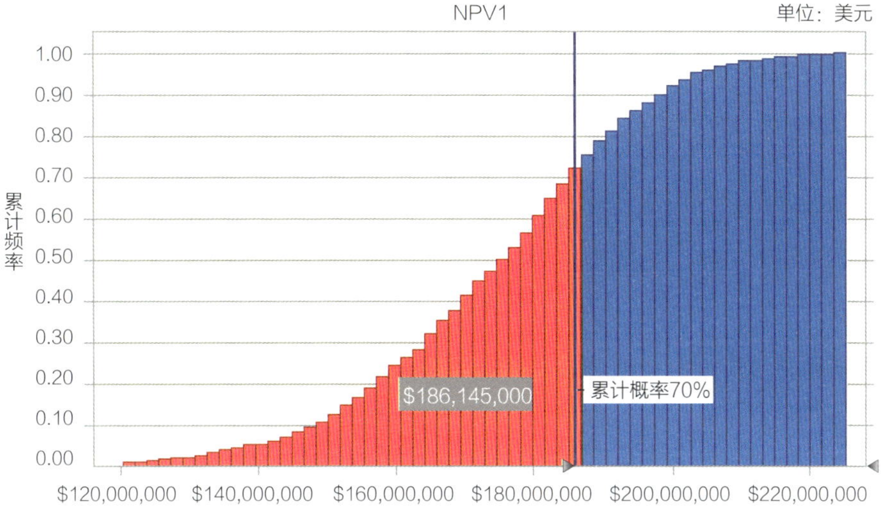

图 3-4-2 企业 30% 可能性可以达到的 NPV

项目估值与风险偏好：

风险偏好	风险承受能力	收购价格（美元）
保守型 ↕ 进取型	（1）70% 可能性项目可以实现的 NPV	≤ 164,801,000
	（2）30% 可能性项目可以实现的 NPV	≤ 184,145,000

03 项目的不确定性和风险价值评估结果为投资决策提供科学依据

面对不确定性因素分析结果，每个企业可能做出的决策有可能不同，这与企业的风险偏好、也就是企业承担风险的意愿以及应对风险的能力相关。一般来说，风险偏好应与公司战略目标一致，反映出管理层的战略意图并与公司的抗风险能力和所投入的资源相匹配，此外，风险偏好也应该反映在公司的利润指标和绩效考核激励体系中。

在本案例中，基于毕马威动态价值分析结果，征延公司管理层经过激烈讨论最终决定投资该项目，并根据征延公司风险偏好确定了收购价格报价区间。在毕马威专家协助下，征延公司还重点针对电价、风力等不确定性因素制定了相应的风险应对方案，比如在股权收购协议（SPA）中，将电价假设作为报价的前提条件之一，保留因电价变化在后续阶段调整报价的权利。

由此可见，不确定性价值和风险价值研究结果，可以为投资决策提供科学、确定和可量化的依据。企业可以以此为基础，结合自身风险偏好，制定风险应对方案和商务谈判策略。

04 动态价值分析帮助企业预估并比较不同经营策略的实施效果

在传统决策过程中，企业管理层往往缺少针对不同情景、假设条件及其带来的影响的量化分析数据，无法从更加清晰的战略视野、更为精准的战略意图出发制定运营策略。

基于动态价值模型分析结果，管理层能够量化分析不确定性因素可能出现的各种变化及其对项目运营带来的影响，并以此为依据针对各种情况制定应对策略。

在本案例中，当电价持续上涨到一定程度、风场风力满足一定条件时，征延公司计划考虑增加投资、扩大风电场规模；当电价未达到一定的价格预期时，考虑关停一部分发电设施并重新签订项目运维合同，以减少经营成本；当利率、汇率发生较大波动时，将考虑对短期贷款、偿债和股东利润汇回等资金安排计划进行调整，尽可能锁定利润、减少汇兑损失。

毕马威团队利用动态价值模型，对这些经营决策可能对企业收益带来的影响进行量化，为企业制定、调整经营策略提供了科学依据。

毕马威专家点评

"一带一路"沿线国家资源丰富，与中国存在高度的互补性，然而在这些地区开展项目合作存在诸多不确定性因素，如地缘政治、政策法规、行业壁垒、文化差异、市场竞争、技术发展等。这些因素会在宏观层面、行业层面以及项目层面增加投资的不确定性与风险，加大项目计划执行难度，因此对在该地区开展投资的中国企业提出了更高要求。

如果能在投资决策阶段量化这些不确定性因素和潜在风险带来的影响，将其体现在估值结果中，将为投资决策提供更为全面的科学依据，而动态价值模型分析的核心目的就在于此。

在本案例中，根据项目风险因素建立的动态价值分析模型，考虑了重要风险变量的变化趋势和多个变量叠加带来的复合性动态影响，量化了重大决策的战略价值。分析结果使企业在进行价值判断和战略决策时，能够充分预见并比较不同战略选择的实施效果，为科学决策提供依据。

风险量化模型

——分析新产品上市的不确定性因素和营销决策价值

核心提示

01 明确对新药上市带来重要影响的外部环境因素

02 量化分析外部环境因素变化对产品价值的影响

03 量化分析各情景下不同营销决策的价值

附录Ⅰ 动态价值分析模型介绍

附录Ⅱ 动态价值分析模型典型应用

案例背景

征延公司是一家中国大型制药企业。近些年来，由于疾病 RA 在“一带一路”沿线林纳弗德国迅速蔓延，发病率逐年攀升，征延公司拟推出针对疾病 RA 的产品 RAX，但由于林纳弗德国医药市场受到严格监管，且近期密集出台了多项医疗、医药改革政策，使产品 RAX 上市以后可能面临的市场环境产生较大不确定性。

在对市场不确定性因素进行了初步定性分析以后，征延公司研究团队希望能够量化监管政策和其他外部环境因素对新产品上市表现及后续运营可能产生的影响。

在毕马威团队协助下，征延公司建立了分析模型，对外部环境因素变化可能产生的影响以及公司可采取的应对策略的实施效果进行了量化分析，为新产品进入市场做好了充分的准备。

01 明确对新药上市带来重要影响的外部环境因素

RAX 产品上市收益受诸多外部环境因素的影响，主要包括医改政策、宏观环境和市场竞争等。

医改政策影响

在本案例中，虽然 RAX 产品优势明显，比如疗效快、当前无替代产品等，但征延公司仍然担心林纳弗德国医改政策会对 RAX 产品上市带来不利影响。

通过初步分析，征延公司市场研究部门筛选出两个可能会对 RAX 产品上市带来重大影响的医改政策：

- 医疗保险政策：该政策规定，在新药上市后，有关部门将会对新药进行一系列评估，决定是否将新药纳入医保范畴，这个决定将会对新药价格和销量带来重大影响；
- 鼓励医药创新政策：在该项政策的鼓励和支持下，林纳弗德国本土制药公司有可能加大研发投入，这将有可能推动市场上 RAX 替代性药品甚至是仿制药的出现，从而影响 RAX 的市场销量。

宏观环境和市场环境

除了医改政策外，影响 RAX 上市的外部环境因素还包括：

- 宏观环境类：社会环境、政治环境、技术变革、经济环境、行业监管等；
- 市场竞争环境类：市场规模、市场份额、供应商、经销商、潜在和已有的竞争者、患者群体、替代产品等。

02 量化分析外部环境因素变化对产品价值的影响

了解外部环境因素与 RAX 产品收益之间的内在关联，是分析不同情景下产品价值的重要前提。

毕马威专业团队与公司管理层一起，深入分析了外部环境因素（包括医改政策、宏观环境和市场竞争环境等）可能会对产品的价格和销量带来的影响。此外，联合工作组还对行业专家和政策专家进行了深度访谈，进一步明确了在特定情景下，外部环境因素变化的可能性及其对产品上市的影响，例如：

• 情景一：监管趋严、市场竞争较为激烈

政府有可能会加大对医药企业违规行为的处罚力度，这将抑制不规范的市场推广行为，但对于一直严格遵守合规要求的征延公司及其新产品 RAX 来说，这可能是一个积极因素，将提升征延公司的竞争实力和市场份额；

• 情景二：行业整合

激烈的竞争有可能加快林纳弗德国医药企业间的并购重组，这将促进行业整合、资源配置优化和药企整体科研能力的提升。在这样的情况下，市场上有可能出现强劲的竞争对手，与征延公司 RAX 产品争夺市场份额；

• 情景三：疾病 RA 得到控制

从长远来看，政府的重视和投入、RAX 的上市都预示着疾病 RA 会在未来得到控制，新产品也可能会进入市场，这将使 RAX 面临需求和销量减少的局面。

在调研分析的基础上，毕马威专业团队构建了量化模型，计算出在多个特定情景脚本下 RAX 产品的价值，此外，毕马威专家还就价值波动的驱动因素、趋势和幅度与征延公司管理层进行了充分沟通，使征延公司能够充分预见到 RAX 产品上市后可能遇到的各种困难、在不同情景下经营损益情况以及产品预期价值实现的可能性。

03 量化分析各情景下不同营销决策的价值

针对不同情景下 RAX 产品上市后可能的表现，客户公司管理层制定了相应的市场营销策略。毕马威专业团队对于不同策略方案中的具体市场推广措施开展了量化分析工作，计算出在特定情景下，采用不同的营销策略将会对 RAX 产品的价值和收益产生的影响，为客户公司管理层选择最优市场推广计划提供了决策依据。

比如，在监管趋严、市场竞争较为激烈的情景下，征延公司制定了三种市场推广方案：

- 积极采取措施，争取进入医保目录，降低市场推广费用；
- 降低产品价格，增加市场推广费用；
- 锁定产品价格，增加市场推广费用，提高市场份额。

在搭建模型深入分析这三种方案时，毕马威专业团队综合考虑了各项前期费用投入与价格波动组合的情况，对营销策略实施后 RAX 产品可能的价值和经营收益进行了量化分析，并针对各输入因素的变化和不同组合的情况进行了敏感性测试，为管理层提供了多维度的分析结果供决策使用。

毕马威专家点评

除投资并购外，在“一带一路”沿线寻找新市场或推出新产品，也是中国企业开展“一带一路”运营的一种重要方式。在本案例中，毕马威专业团队建立的量化模型能够模拟出在不同情景下，新药上市的价值、经营损益情况以及不同营销策略对新药推广的促进作用。

附录I 动态价值分析模型介绍

在快速变化的商业环境中，传统业务模式被颠覆，企业积极寻求通过战略、商业和运营模式转型来提升综合竞争力，而转型能否成功则取决于企业战略的制定和执行。

企业在制定和实施公司战略时面临的挑战

管理者在制定和实施公司战略时面临诸多挑战，包括：

- 在优化公司业务和资产组合过程中，如何全面衡量各业务线及资产的价值，评估未来经营环境的变化对公司业务的影响并以此为基础明确企业的战略选择？
- 如何建立战略风险、战略规划和企业价值的紧密关系？
- 如何分析新的商业和运营模式，量化未来的风险和不确定性因素并以此为基础制定风险应对方案？
- 如何量化快速变化的政策与监管要求对于产品和服务的影响？如何量化企业不同应对策略可能的实施效果？
- 如何从多维视角分析和量化创新与研发的战略价值，而不是仅考虑财务回报？
- 在并购交易中，如何在传统财务估值模型中加入项目风险价值和战略价值的量化指标，从而形成更为全面的项目投资价值评估体系？
- 如何评价与量化重大交易条款风险？如何在交易谈判、协议签署时，把风险防范措施和补偿条件充分体现在合同条款中，以最大限度地提高企业的风险应对能力？

动态价值分析模型（Dynamic Value Analysis，以下简称 DVA）帮助企业建立财务、风险与战略的闭环管理体系

确定企业价值和战略选择的价值时应考虑财务价值、风险（不确定性因素）价值和战略价值。

传统的战略决策思维从财务视角出发，虽然对风险价值和战略价值有定性分析，但表述模糊，难以形成有意义的量化评估结果，这使得企业战略基本上是以单一、静态、主观和不全面的信息为依据制定的。

DVA 是建立在最新管理理论和领先实践基础上的战略价值分析与决策体系，它把战略管理、财务管理和风险管理紧密地联系在一起，为企业在不确定性环境下的价值管理和战略决策提供科学依据。

- 财务管理：建立财务模型，评估企业价值，体现了静态条件下的财务价值预期；
- 不确定性价值：未来不确定性因素对企业价值的影响可以是双向和动态的；
- 战略价值：企业针对不确定性因素进行的动态战略应对和战略选择决定了战略价值。

表格 3-1　传统管理体系与创新价值管理体系的差异

传统的价值管理体系对不确定性价值和战略价值的表述较为模糊，财务管理、风险管理和战略管理存在脱节现象。

	传统管理体系	创新价值管理体系
管理思维	• 从财务管理角度出发 • 割裂的、零散的管理思维 • 被动应对市场变化	• 基于整体价值的整合管理思维 • 贯穿财务管理、风险管理和战略管理
方法论	• 以财务价值为核心 • 基于历史数据 • 单一、静态、偏主观	• 综合考虑财务价值、不确定性价值和战略价值 • 具有前瞻性 • 多维度、动态、较为客观
管理工具	• 财务模型 • 基于已知信息的预测	• 全面评估模型 • 基于不确定性因素的多元情景分析

DVA 弥补了传统战略价值评估和战略决策过程的缺陷

DVA 从以下五个方面弥补了传统战略价值评估和战略决策过程的缺陷：

- 实现了对风险因素的量化分析和价值评估：

  量化分析多个风险、情景和维度的动态组合，而不是对某个风险的单一维度的敏感性分析；

  提出决策风险价值概念，建立评估模型；

  计算风险调整后的决策价值；

- 量化分析决策的未来战略价值：

  战略价值体现在企业为应对风险而采取的战略应对选择以及风险应对能力上；

  量化战略价值的目的在于使决策的战略意图显性化；

- 分析不同情景下主动应对战略选择的价值及战略实施路径；
- 分析未来市场竞争格局下风险应对策略和战略选择的价值；
- 通过前瞻性的思维模式和完善的评估模型，更准确地反映未来复杂多变的市场环境及企业战略的实施效果。

附录 II 动态价值分析模型典型应用

在实际工作中，DVA 模型可以在多个领域内发挥重要作用。

为企业提供并购交易风险价值与战略价值评估

- 在众多境内外并购交易中，DVA 通过量化分析影响并购项目价值的不确定性因素与风险因素，拟合并购项目中的重大风险因素的概率分布，计算并购项目的风险价值；
- 根据风险因素量化模型计算结果，分析管理层可采用的战略应对策略，量化不同策略的投入成本和回报周期等因素，综合考虑、比较不同策略对项目整体价值的影响，为企业管理者选择最佳并购战略应对方案提供依据。

为企业在产品定价、销售策略制定等工作提供决策支撑

- DVA 将采用实物期权、情景分析和博弈论结合的方法，从企业产品面临的社会、政治、经济、技术等环境维度，对以往进行传统、定性分析的因素开展量化分析，计算各项不确定因素对产品收益的影响；
- 聚焦管理层重点关注的多个条件因素，利用情景分析建立重点条件因素的联动机制，探求各情景下产品收益的变动情况，为企业管理者制定产品销售策略提供依据；
- 定位产品的主要竞争对手，运用博弈论分析手段，模拟不同价格下产品销售表现，协助企业制定竞争均衡状态下的最优产品定价策略。

协助企业优化研发（R&D）过程中的资源投入与分配

- DVA 将帮助企业对研发阶段的不确定性因素进行量化分析，通过建立动态产品价值模型，对研发阶段的各项不确定性因素和产品上市后收益价值进行相关性分析；

- 对不同情景下不确定性因素发生变化的可能性进行评估与分析，利用时间序列、随机游走、蒙特卡洛模拟等定量分析工具，计算不同情景下不确定性因素对于研发结果产生的影响，为企业管理层制定研发策略和资源投入计划提供科学依据。

协助企业设计大型设备引进最优资产融资组合方案

- 针对引进重要大型设备项目，DVA 可以利用实物期权方法论，对企业面临的外部和内部不确定性因素以及不同融资方案对企业现金流的影响进行量化分析；
- 协助企业制定最优融资方案并提供风险应对建议，使企业收益最大化。

建立供应链风险管理体系，提升供应链管理水平

- 对于那些对供应链管理水平要求极高的零件制造业与零售业企业，DVA 将通过对供应链管理中的内部不确定性因素（如内部组织、制造产量、信息延迟及客户管理等）和外部不确定性因素（如竞争者策略、政策环境、价格变动、供应商质量及随机成本等）的识别与分析，筛选关键不确定性因素，设立关键不确定性因素对应的风险指标，搭建企业供应链管理风险体系框架；
- 将风险指标与企业价值模型联系起来，量化不同供应链管理模式对企业价值带来的溢价或折价影响，为企业管理层制定以企业价值最大化为目标的供应链管理模式提供依据。

提升企业大宗商品和金融衍生品交易的合约管理水平

- 对于经常从事大宗商品和金融衍生品交易的企业，DVA 将协助企业识别大宗商品和金融衍生品交易中的风险点和风险偏好，量化合约条款的风险价值和管理层战略价值，通过筛选重要合同条款，识别出条款涉及的主要风险类别（价格风险、利率风险、外汇风险、信用风险等）并建立相关风险指标体系；

- DVA 将弥补传统战略决策过程中依赖经验判断、具有主观性和片面性、短视等缺陷，使企业在套保或期权期货业务管理体系中能够融入风险管控机制，从而确定最佳合约条款，更精准的实现企业战略意图。

协助企业建立动态产业价值评估及监控体系

- 基于企业折现价值模型，DVA 可以准确识别企业面临的内外部价值驱动因素和不确定性因素，通过设计反映不确定性价值的产业价值评估指标，建立企业产业价值评估监控体系，对技术性和专业性极强的业务进行有效的价值监控。

『一带一路』投资关键环节

——毕马威经典案例解析

四、投后整合与管控篇

并购整合路线图

核心提示

01 明晰并购愿景，制定整合战略和路线图

02 设立专职整合团队参与并购项目全过程

03 建立合理、高效的管控体系

04 整合双方优势资源，实现交易协同效应

05 应对企业文化融合挑战，顺利实施员工整合

06 建立高效沟通机制，赢得利益相关方认同

案例背景

征延公司是中国高分子复合材料研究及工程化应用的领先企业，为打造新的业务增长点，公司制定了向下游拓展、开展多元化经营的发展战略。2013 年，中国政府提出“一带一路”倡议，为各国企业在沿线国家开展国际化运营创造了有利条件。基于对市场机遇的深入分析以及自身发展战略需求，征延公司决定进军“一带一路”沿线汽车行业橡胶和塑料应用市场。考虑到征延公司目前在该领域内技术和品牌实力较为薄弱，公司决定寻机收购全球领先的同行企业，以快速进入工业橡胶和塑料产品应用最为广阔的细分市场——汽车行业市场。

纳德森公司是全球领先的汽车零部件供应商之一，其橡胶和塑料业务单元销售收入居世界前列。从区域布局上看，纳德森公司橡胶和塑料业务单元在“一带一路”沿线拥有较高的市场占有率和业务增长率，恰好弥补了征延公司的短板。经过多轮磋商，双方就并购交易达成一致，纳德森公司将剥离橡胶和塑料业务单元并将其出售给征延公司。

然而，一直以来并购后整合工作都是征延公司的薄弱环节。有研究结果显示，并购项目在整合阶段失败的可能性超过百分之五十。可见，协议签字并不代表项目成功，只有在并购后成功整合被并购资产，开展变革管理、实现高效管控、充分挖掘协同效应，才能最终为企业带来价值。

征延公司管理层和项目团队认识到，这次并购项目金额大、交易结构复杂，被整合资产在技术和运营能力上远强于中方。此外，整合还将在跨国、跨文化的复杂环境下进行。考虑到这些情况，征延公司决定聘请拥有丰富跨境并购服务经验的毕马威战略与整合咨询团队作为项目顾问，协助公司开展并购后整合工作。

在本案例中，我们将结合项目情况，就中国企业在“一带一路”沿线国家开展跨国并购整合项目时容易出现的问题，进行深入分析并分享项目成功经验和行业最佳实践，希望能够为中国企业在“一带一路”沿线开展并购后整合工作、挖掘和发挥协同效应提供有益的参考和借鉴。

01 明晰并购愿景，制定整合战略和路线图

在开展海外并购项目时，很多中国企业会忽视制定整合战略的重要性，有一些项目甚至在整合工作开始以后也没有形成一个完善的整合方案，不清楚应通过何种方式进行整合以实现并购目标。

制定清晰的整合战略是并购项目成功实现整合的基础。公司应根据不同的交易动因和公司实际情况，对被并购对象提出明确的发展目标，即未来成为一个什么样的企业。在海外并购方面经验丰富的企业往往在筛选投资目标的阶段就会考虑这些问题，比如被收购资产在公司整体战略中处于什么地位？应发挥什么作用？在管控模式上是应该保留被收购企业原有的管理体系，还是改造被收购企业，将其纳入自己的管理体系？回答了这些问题也就基本确定了整合工作的大方向，企业可以在此基础上制定整合工作阶段目标并形成清晰的整合战略（见图 4-1）。

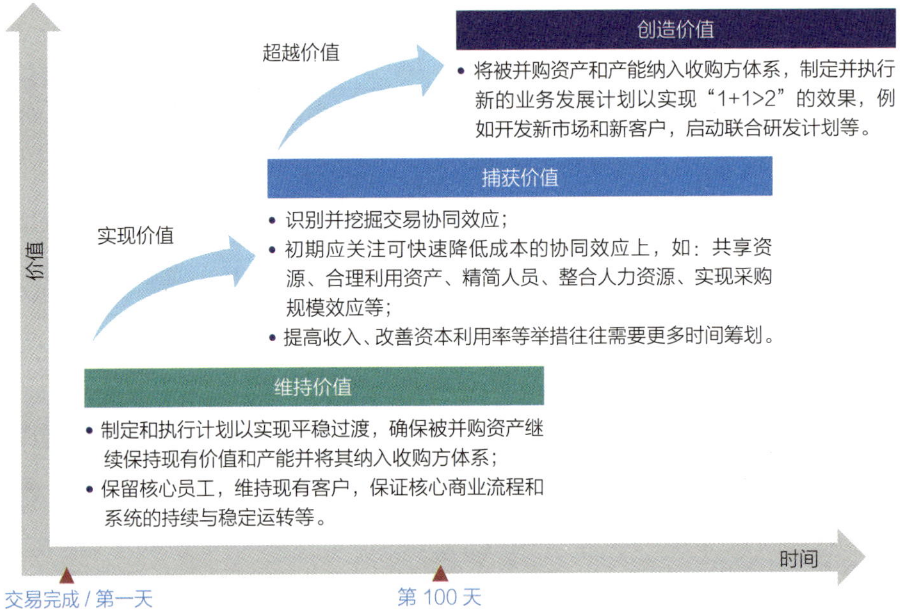

图 4-1 公司整合阶段目标

在本案例中，征延公司的并购目标可总结为：

- 获取被并购企业的技术和品牌；
- 快速进入“一带一路”沿线汽车零配件市场；
- 整合双方资源，拓展区域市场，迅速提升市场占有率；
- 在采购、研发及销售管理等方面实现业务协同，提升运营效率、改善现金流。

为使整合工作能够分阶段、有重点地进行，毕马威团队结合并购目标协助征延公司制定了兼顾价值提升和风险管控两方面要求的整合行动路线图，共分为四个阶段：

第一阶段：明确目标。考虑到被并购方在汽车零部件市场的业务规模远大于征延公司，毕马威团队建议该项目采用将征延公司业务反向整合到标的公司的整合路径，以整合后的业务作为征延公司汽车零部件事业部的主体；

第二阶段：平稳过渡。考虑到被并购业务属于纳德森公司的一个运营单元，毕马威建议通过剥离尽职调查进一步降低交易风险；同时，明确未来被并购资产的管控模式和运营架构，为交割日后逐步实现管理权的过渡做好准备；进行详细的协同价值分析，制定过渡期服务协议 *，最终形成完整的过渡期整合工作方案；

第三阶段：加速整合。通过系统分析与梳理，毕马威识别出三个整合“速赢”** 领域：

1）采购“速赢”：可通过规模化集中采购，尤其是对中国和其他亚太地区的采购工作进行统筹管理，实现降低总体采购成本的目标；

2）客户资源“速赢”：交易双方可以共享客户资源，通过提供更多的产品和服务项目，公司从每个客户获得的销售收入也有望增加；

* 过渡期服务协议（Transitional Service Agreement）：当剥离后的标的资产暂时缺乏原职能部门（人事、财务、法务、IT 等）支持时，为保证业务平稳过渡，需要原公司在一段时间内继续向标的资产提供服务的有关协议。

** 整合“速赢”计划：通常指整合方案中前一百天的计划，重点围绕管理权移交、维持业务稳定运营和能够快速发挥协同效应的举措展开。

3）中国市场“速赢”：以被并购业务为基础反向整合中国业务，迅速增强业务核心竞争力，提升公司在中国市场的品牌效应和市场份额；

第四阶段：长效整合。从长期来看，毕马威建议征延公司重点关注两大长效整合领域：

1）全球业务链整合：通过中国高效的工业体系降低整体制造成本；

2）研发整合：通过双方研发合作与投入，形成规模效应，降低研发成本和风险，将研发成果快速推向市场。

02 设立专职整合团队参与并购项目全过程

在很多海外并购项目中，中国企业在交割前和交割后是由完全不同的两个团队负责，在交接工作时经常出现信息缺失的情况；而且，由于两个小组的人员思路不同、处理问题的方式也不同，容易给被并购方留下中方企业交割前后态度和做法不一致的印象；此外，并购交易和整合团队的人员配备要求也不一样，交易团队主要由战略、财务、法务以及外部专家顾问组成，而并购后整合工作需要大量组织变革、运营和生产管理、人力资源管理、技术研发等方面的专家。因此，根据毕马威的观察，无论是由并购团队或是由运营团队开展整合工作，在实际工作中的效果都不尽如人意。

考虑到这样的情况，一些中国企业设置了专职的整合团队，负责开发整合方法论、设计整合流程、开展整合工作、积累和传播整合经验。在实际项目中，整合团队的职责主要包括：

- **评估整合风险、确定整合目标：**整合团队从前期调研阶段就介入到项目中，在项目初期评估和判断整合工作难度，与业务部门共同设计整合方案和实施计划。在交易达成时，整合战略目标和详细的整合计划就已经确定了；
- **挖掘整合风险点，为交易谈判提供支持：**全程参与项目谈判，挖掘整合风险点并把风险防范措施和补偿条件充分反映在交易文件中；
- **管理、指导实际整合工作，**协调各业务团队的工作，成为交易双方沟通的桥梁。

在毕马威专家建议下，征延公司决定抽调具有丰富运营和管理经验的员工组成专职整合团队，同时聘请外部专家作为项目整合顾问，共同开展本项目的整合工作。

毕马威专家点评

并购交易与整合环节联系紧密，但工作内容和目标又存在明显差异。拥有丰富并购项目经验的公司通常会分别设立专职的交易和整合团队，二者相互配合，工作平行推进。整合团队会介入到项目的全过程中，以保证并购和整合不脱节，这也有利于被并购方建立并加强对于收购方的信任，最大限度地减少整合过程中可能出现的组织结构、业务、人员管理和文化等方面的冲突。

03 建立合理、高效的管控体系

海外业务管控一直是中国企业境外项目运营的一个薄弱环节。在选择业务管控模式时，企业需要综合考虑业务战略、股权架构、协同效应和潜在风险等因素。根据集团参与度和业务协作度水平的不同，企业可以选择的四个基本管控模式分别是：直接运营、战略运营、战略设计、财务控制（见图 4-2）。

图 4-2 四个基本公司管控模式

针对每一种管控模式，企业需要在公司治理构架、纵向职能体系构建、核心人员管理、业绩追踪、服务与运营提升这五个方面明确具体的管理原则（见图 4-3）。

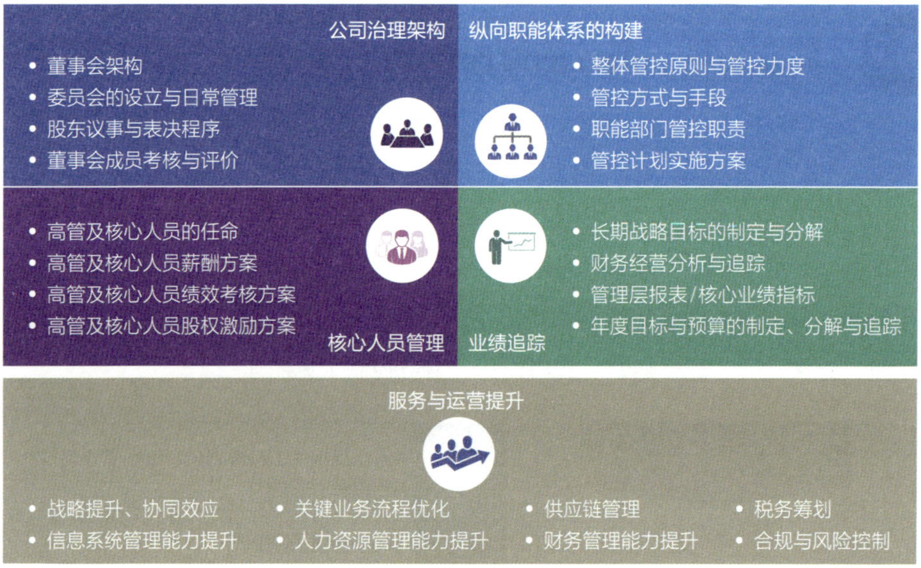

图 4-3 在五方面明确海外业务管控模式

征延公司业务管理现状评估结果显示，公司各业务单元间的权责划分及汇报关系不够明确，公司管理层对于海外市场和海外公司治理要求缺乏了解，设计海外业务绩效管理体系和激励措施的相关经验有限。

考虑到这些问题，毕马威团队就海外业务管控体系设计提出了以下建议：

- **管控模式选择：**虽然被并购资产是征延公司未来着力发展的业务，但由于公司自身业务规模、实力和市场经验都不占优势，而且本次并购将采用反向整合方式，因此建议在短期内采用"财务控制"偏"战略设计"的管控模式；在中、长期将采用"战略运营"偏"直接运营"的管控模式；
- **管理界面划分：**明确未来汽车业务单元的归口管理部门；对双方的管理界面和重要管理领域（尤其是战略制定、绩效考核、财务管理、投资决策、研发创新等）的责权利进行清晰界定，以此为基础建立适当的授权体系；
- **治理结构设计：**买方在设计治理架构和治理模式时需充分考虑海外公司所在地的监管要求，比如在德国，股份公司法采用"双层委员会制"，即监事会与董事会构成上下隶属的双层结构。公司机关由股东会、监事会、董事会组成，股东会之下设监事会，监事会之下设董事会。德国公司治理是建立在“共同决定制”的原则基础上，以监督职能为中心构建委员会，由股东代表和职工代表共同组成第一层委员会——监事会，职责包括制定公司政策、拟定执行目标、监控执行过程、评价执行结果；董事会成员由监事会提名决定*。因此在设计德国业务管理模式时，中方企业就需要充分考虑这些与监事会定位与职责相关的具体要求；

- 组织结构整合：需考虑建立统一业务平台以整合双方业务资源，明确统一业务平台的组织架构和管理模式；挑选和任命未来业务单元管理团队成员；明确新的汇报关系、职位序列及岗位编制和岗位职责；
- 考核激励机制建立：建立适当的绩效考核管理体系和薪酬激励体系，调动员工积极性，实现预期目标。

*《德国的公司治理模式》，北京法院网，2011 年 11 月 25 日

04 整合双方优势资源，实现交易协同效应

企业在开展并购项目时，通常会期望交易能够实现协同效应，即双方通过开展合作、共享业务资源、实现优势互补，使并购后公司的总体效益大于并购前两个企业效益之和，即 1+1>2（见图 4-4）。

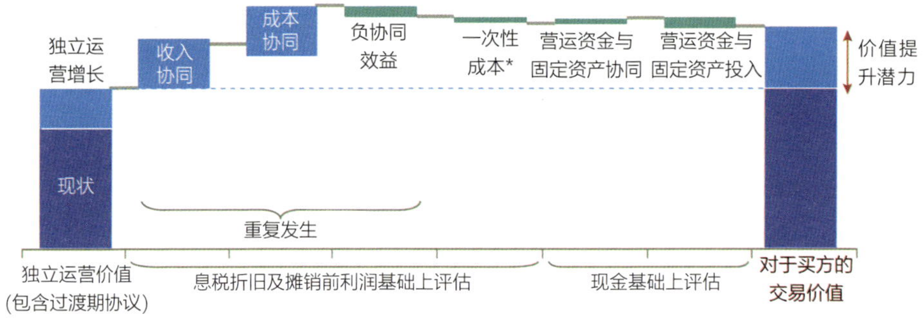

图 4-4 协同效应示意图

在进行项目可行性分析、筛选投资目标和开展尽职调查工作时，企业需要深入分析所购买资产是否能够满足公司发展战略需求，明确协同效应来源、制定发挥协同效应的目标。交易后整合阶段是落实协同效应的关键时期，企业需合理设计交易后被并购资产的管控模式和管理原则、运营模式、财务管理体系，整合双方优势资源、形成并发挥协同效应。

通常来说，并购协同效应包括运营协同和财务协同两方面：

- 运营协同：包括收入协同和成本协同。收入协同可通过整合双方市场、客户资源等方式实现，成本协同可以通过采购协同成本节约、销售与管理成本节约等方式实现；

* 一次性成本：指为挖掘并购项目预期的协同效应，需要在整合工作中投入的一次性成本，如部门重组整合、IT 平台建设和对外宣传活动等。

- 财务协同可以通过资本市场和上市融资、资金统一管理与分配等方式实现。

协同效应的来源包括规模经济效益、销售渠道和客户资源整合、产业链上下游业务相互支持、新技能或研发团队形成合力等（见图 4-5）。

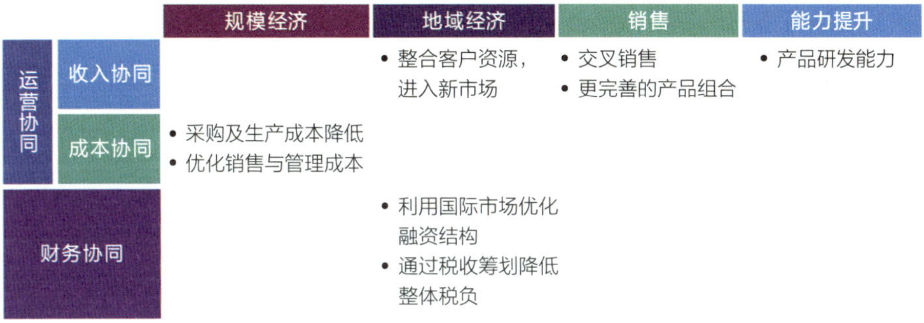

图 4-5　协同效应的来源

征延公司财务状况良好，在汽车零部件上游的高分子复合材料研究及工程化应用细分市场拥有较强竞争力；纳德森公司橡胶和塑料业务单元在“一带一路”沿线拥有较为成熟、完善的销售渠道和客户资源，在汽车零部件行业里技术领先，品牌影响力较强，这些领域均为本交易协同效应的重要来源。

在全面分析了交易双方的优劣势之后，毕马威团队提出，项目交割后短期内征延公司应重点巩固和加强被并购业务在“一带一路”沿线市场的竞争优势，而中长期的目标是拓展中国和其他亚太地区市场。此外，毕马威团队还协助征延公司制定了协同效应实施计划，就挖掘、落实协同效应需关注的重点工作提出了以下建议：

- **产品整合、交叉销售：**对双方现有产品线进行梳理，对业务重合部分进行整合与精简；对双方现有客户和潜在客户群进行分析，研究双方共有客户的需求，在此基础上制定客户开发计划；重点开拓中国和其他亚太地区市场，梳理、整合区域内大客户管理团队和销售团队，加强对该区域现有汽车行业客户的管理工作；

- **产品研发管理：**建立专职的亚太/中国产品管理团队，优化研发体系和流程，实施本地化产品策略；
- **资金支持计划：**利用征延公司的融资渠道和与金融机构良好的合作关系，支持欧洲市场开拓工作和重点研发项目；
- **成本协同：**梳理现有业务布局，将制造环节和采购工作向中国转移，利用中国完善、高效的工业制造业体系降低汽车零部件业务的整体成本；
- **财务协同效应：**利用海外资本市场寻找最佳融资方案、降低融资成本；资金统一管理与调配；通过税收筹划降低整体税负等。

在制定了协同效应实施计划之后，企业还需要跟踪、监控计划执行情况，根据市场变化、计划实施效果以及实际操作中积累的经验和教训，对协同效应实施计划进行定期和不定期动态调整，以保证实施计划能够有效指导业务开展。

05 应对企业文化融合挑战，顺利实施员工整合

海外并购涉及中、外企业文化的融合。当中国企业并购国外企业时，由于双方文化背景相差较大，在工作方式、价值观念、领导风格和行为规范等方面存在较大差异。如果处理不当，这些差异很容易引起中外双方的冲突和对立，从而影响企业运营的方方面面。

海外并购项目文化融合的一个重点领域是员工整合，而员工整合的关键点在于与对方员工就整合战略、整合目标和整合方案进行深入沟通，在理解并充分考虑员工关注问题的前提下，通过全方位沟通打消对方顾虑、赢得对方支持，使之产生认同感和归属感。

在毕马威专家协助下，征延公司在员工整合方面主要开展了以下工作，中方的努力也最终赢得了外方员工的认可。

- 在并购协议签订之初，征延公司郑重向被收购企业员工承诺，并购不裁员，所有员工工资福利不变，以打消员工顾虑；
- 中外双方组成高层领导小组，定期讨论交易后公司发展策略；由外方高层管理人员向员工传达会议内容，保证员工和管理层之间的信息畅通；
- 中方多次召开各层级员工非正式讨论会，充分了解员工的想法并听取建议；
- 中方定期组织被并购企业骨干人员到征延公司总部参观、交流，促进外方员工了解中方企业文化、融入征延大家庭中。

从长期来看，文化融合还需在高管融合、观念融合、人力资源制度、日常管理等几个方面加强工作（见图 4-6），从根本上建立起“文化宽容、差异融合”的新的企业文化。

图 4-6 长期文化融合的关键领域

在本案例中，针对中、外双方在管理理念、沟通方式等方面存在的巨大差异，毕马威团队提出了具有针对性的解决方案：

- **开展全面的文化差异分析：**通过核心员工访谈和针对全体员工的问卷调查获取公司文化相关的基本信息；根据收集的信息进行全面的文化差异分析；
- **设计企业文化愿景目标，制定文化融合行动方案：**明确未来企业文化建设的主要方向和愿景目标，制定企业文化建设方案和行动计划；针对存在较大差异的领域开展重点差异分析并制定文化融合方案；
- **跟踪文化融合进程，调整、修正文化融合行动计划：**通过访谈和调研问卷，了解文化融合进程和遇到的问题，针对具体问题制定解决方案，及时调整、修正文化融合行动计划和时间表。

06 建立高效沟通机制，赢得利益相关方认同

在并购整合工作中，中国企业往往忽视与各利益相关方沟通的重要性，信息披露较少，不善于交流，缺乏公共关系管理经验。

在海外并购项目中，企业应认识到各利益相关方的诉求可能存在差异，比如客户希望新公司仍会保持产品和服务的质量，客户体验不会受到影响；合作伙伴希望了解公司未来业务调整方向，如经营战略、商业模式、供应商管理等，以考虑是否需要调整与新公司的合作方式；员工则关心在企业所有权转移过程中，岗位设置、工作职责、薪资福利、业务汇报线等会不会发生变化；其他利益方，如政府机构、分析师和媒体等，则可能更为关注企业社会责任、盈利预期和未来投资计划等问题。

在本案例中，毕马威团队就建立与完善公司沟通机制提出了以下建议：

- **制定沟通策略和计划：**明确项目涉及的各利益相关方及其诉求（如客户、供应商、员工和工会等），制定针对各利益方的沟通目标和沟通计划，包括在不同阶段（如交易信息披露日、交割日、交割后一个月、交割后 100 天等）向利益相关方传递的主要信息内容和方式；
- **建立专职负责沟通的工作小组，确定沟通渠道：**明确沟通小组的角色和职责；建立与其他工作小组的协调机制和向整合工作领导小组汇报的机制与流程；建立沟通渠道并指定渠道负责人，如定期召开讨论会、出版员工通讯刊物等；
- **就重大里程碑事件制定沟通方案：**如交割日沟通方案，包括办公场所标识和宣传海报变更计划、员工沟通大会计划、媒体发布会计划等。

毕马威专家点评

信息不通畅会带来隔离，隔离会引发对立情绪，而打破这样的隔离其实并不难。企业首先需要明确在当地投资所涉及的各利益相关方团体，确定公关策略以及要向这些利益相关方传递的企业品牌形象和信息。有条件的企业还可以设立公关部，配备专业人员或是向公关服务提供商寻求专业指导意见。

在与各方进行沟通时，企业应注意强调交易本身的信息，包括企业投资战略、对被并购目标的定位和未来规划、协同效应的来源以及将为东道国带来的就业和经济发展机会等内容。这将有助于社会各方了解企业并购的商业目的，而不是把注意力集中在非商业因素上，比如，在开展农业并购项目时，企业可以强调来自中国的投资将使濒临破产的企业恢复活力，帮助企业开拓新的国际市场、进入一个全新的业务领域或是提供新的粮食保障来源等。

高效海外业务管控模式为『一带一路』项目保驾护航

核心提示

01 明确海外业务战略是组织变革的基础

02 分阶段调整海外业务管理架构，加强区域市场管理

03 人力资源变革为海外业务战略实施保驾护航

案例背景

作为一家省属国有独资基础设施投资建设集团，征延公司成立二十年来成绩斐然，连续十年入选中国“500强”，企业规模和盈利能力位居行业前列。

面对近年来主业市场需求增速放缓、行业利润率逐年下降的严峻形势，征延公司提出了“基建＋金融”的双轮驱动业务发展模式，充分利用集团财务状况良好、全产业链“一站式”服务以及行业经验丰富三大优势，开展多元化经营并拓展国际市场，初步形成了“4+1”产业布局，即基础设施投资、工程建设、城市综合运营、国际物流及金融服务。

征延公司“十三五”战略规划明确提出，将在“一带一路”建设逐步向纵深推进、域内基础设施投资大幅增长的大环境下，在五年内将集团海外业务比重由目前的 18% 提升至 40% 以上。在这一战略指引下，凭借多年积累的项目管理经验和产融结合发展带来的资金优势，征延公司总部赢得了多个海外基建项目机会，同时也通过资本运作收购或是参股了多家海外公司。

随着业务规模迅速扩张、开展运营的海外市场越来越多，征延公司海外业务产权关系日渐复杂，业务组合也日趋多元，海外业务管理运营中存在的问题逐渐显现出来，主要包括：

- 海外业务拓展缺乏集团层面的整体规划和指导；
- 海外业务决策权限界定不清晰，在一些项目的决策过程中，区域公司与业务线的意见存在较大分歧；
- 公司业务发展目标没有分解到部门，部门绩效指标没有细化到个人，使得绩效考核流于形式；
- 海外人力资源管理策略不清晰，难以招聘并留住综合能力较强的优秀国际化人才。

这些问题使集团在实施整体战略、提升投资绩效、保持员工队伍稳定和塑造公司品牌形象等工作中面临不小的困难。

在此情况下，征延公司决定引入毕马威咨询服务团队，在梳理集团海外业务定位及目标的基础上，制定并实施组织变革计划，目标是建立高效的海外业务管控模式，对位于不同国家的海外分支机构和拥有不同文化背景的海外雇员进行有序和高效管理，为落实集团国际化战略提供保障。

01 明确海外业务战略是组织变革的基础

组织机构是战略执行的重要保障，组织变革的一个重要目标是支持公司战略规划的顺利实施，因此在制定组织变革计划时，企业需要从公司战略出发，明确未来支撑战略目标实现所需要具备的关键能力，通过调整组织结构和部门设置并对部门职能和权责范围进行清晰界定，将关键战略举措、工作任务和指标顺利分解至各部门和业务单元，从而保证组织对战略实施的有效支撑。

因此，在项目初期，毕马威团队的主要工作是梳理公司战略规划与目标。通过访谈和调研，毕马威团队发现，征延公司“4+1”的产业版图涉及十几家二级企业和数十家三级企业，业务覆盖规划、咨询、投资、建设、设备制造、运营服务等基础设施建设全产业链环节和银行、保险、证券、基金、租赁等多个细分金融服务行业，种类繁多、多元化经营特征明显。

然而，在制定国际化战略过程中，征延公司缺乏对子公司境外项目的战略指引，在制定海外业务发展规划时，只是将二级企业的海外业务计划进行简单汇总，没有将集团国际化战略目标“自上而下”分解至各业务单元。这使得在开拓海外市场过程中，征延公司下属成员单位缺乏统筹规划和长远考虑，各自为战，往往被市场上出现的低价资产或短线机会所吸引，出现了集团高管在访谈时提到的“一窝蜂、一大片、一点点*”的现象。

针对这样的情况，毕马威团队协助征延公司开展了国际化战略梳理与分解工作：

1. 明确集团国际化和“一带一路”业务战略目标，加强对下属企业的宣传，使各成员单位充分了解“一带一路”业务发展目标和长线布局计划，以及自身企

* “一大片”是指投资项目散布区域很广；“一点点”是指在每个区域内只有少量项目投资，无法带来规模效益。

业在整体战略规划体系中所发挥的作用；

2. 明确各成员单位的海外业务分工与布局，制定"一带一路"业务利益分配和分工合作机制管理原则，清晰界定集团和各成员单位的责权范围；

3. 将"一带一路"业务战略目标分解至各业务单元，制定成员单位的战略实施计划和集团层面的资源配置计划，针对成员单位的海外业务制定合理、更具激励性的业绩考核指标。

通过这些工作，征延公司及其下属企业明确了以"基础设施投资建设为龙头，城市综合开发和国际物流协同发展"的国际化战略方向，制定了未来五年集团的海外业务组合策略以及各业务单元的战略实施计划，这也为组织变革指明了方向。

02 分阶段调整海外业务管理架构，加强区域市场管理

根据毕马威团队经验，按照业务发展成熟度和海外市场覆盖范围的不同，企业国际化历程通常分为三个阶段：海外经营、跨国经营和全球经营。随着国际化进程的不断加深，企业海外业务管控模式也需要进行相应调整。

表格 4-1 国际化发展阶段与管控模式

阶段	盈利模式	运营目标	管理架构特点 / 管理职能
海外经营	以产品和服务出口为主，主要依靠本国资金、技术、人才等资源发展海外业务。	在海外市场建立营销和销售体系，推动销售收入增长。	通常来说，处于这个阶段的企业各业务线海外运营经验和人才储备不足，为降低营销成本、建立统一高效的品牌宣传和产品推广体系，企业往往会在总部层面建立海外事业部，负责开展商务洽谈、品牌宣传、涉外事务管理等工作，协助业务部门拓展海外市场。
跨国经营	以自主投资、合资合作等方式在东道国建立经营实体。	通过本土化运营降低生产和服务成本，凭借具有针对性的技术、本土化设计和创新方案快速响应当地市场需求。	以业务线为主导，形成"集团总部—业务线单元—东道国公司"三级管控架构，实现业务板块对自身海外业务的管控，完成经营目标。
全球经营	在全球范围内调整业务及产业链分工布局，实现全球资源优化配置。	实现不同市场和业务单元之间的有效协同，高效管理全球业务风险。	组织形态呈现出极大的复杂性和多样性，往往会在"集团总部—区域总部 / 产业事业部—东道国公司"三级架构下，开展一系列的业务重组和整合，实现在全球范围内优化资源配置的目标。

征延公司正处于从"海外经营"向"跨国经营"演进的阶段，开拓海外市场的方式也从"被动承接"逐步转向"主动拓展"。然而，目前集团层面没有设置独立的海外业务管理部门，这使得海外业务缺乏统一管理；在实际工作中，不同海外项目的管理方式也不同，负责运营管理的多个部门的角色定位和相互之间的责权关系也不明确。因此在主动拓展海外市场的过程中，征延公司下属企业常常是各自为战，一些项目中出现了成员企业恶性竞争的混乱局面。此外，施工项目缺乏统一的管理也使得工程质量问题频发。不成体系、松散的海外业务管理架构已经无法满足集团未来"一带一路"业务发展需要。

具体来说，目前征延公司海外业务管理部门包括（见图 4-7）：

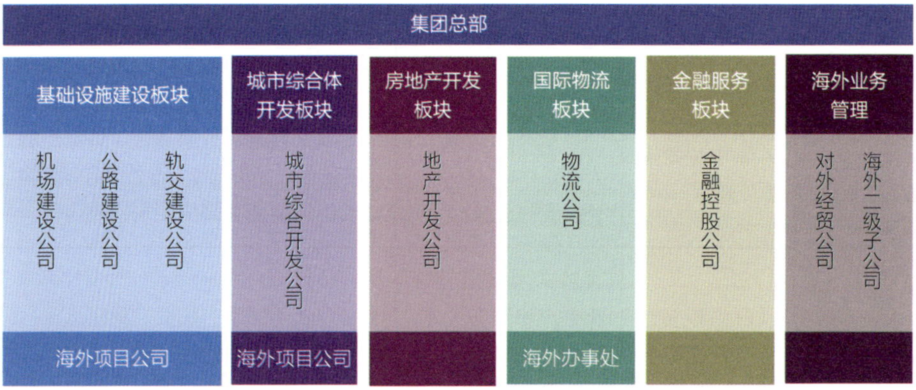

图 4-7 现阶段海外业务管理组织架构图

- 对于集团赢得的重大战略性海外基建项目和大型海外并购项目，集团会在东道国设立二级子公司对业务进行直接管理；
- 在业务单元层面，各二级企业会根据自身业务需要或在赢得项目之后，在东道国设立项目公司或办事处；
- 由于历史沿革问题，在二级子公司层面还存在一个对外经贸合作公司，负责统筹开展集团海外业务。但由于责权利划分不清和对集团各业务了解有限等原因，经贸合作公司业务开展效果不佳，目前仅负责与国际交流和展会等相关的市场宣传和品牌建设工作。

基于征延公司海外业务管理现状和未来战略发展要求，毕马威团队建议以“先收后放、逐步夯实”为原则，分两个阶段调整集团海外业务管理架构。

第一阶段：收权，通过建立海外事业部集中、统一管理海外业务

在集团层面整合资源，通过设立海外事业部，加强海外业务统筹协调发展，提高效率、减少各业务单元低效和重复投入，完善海外风险管理体系（见图 4-8）。

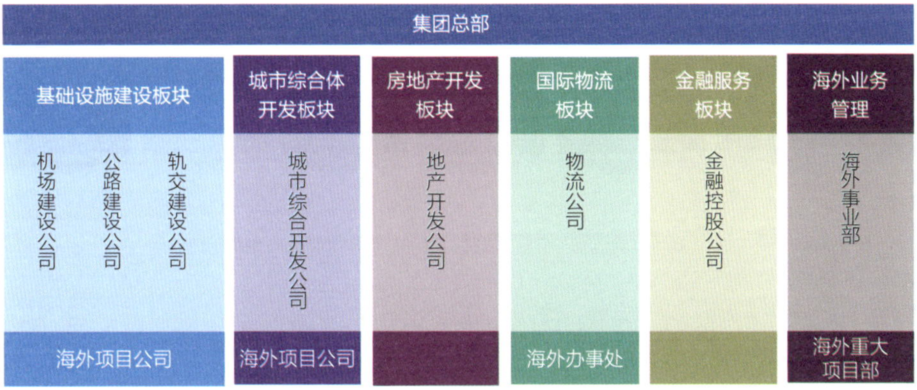

图 4-8　第一阶段海外业务管理组织架构调整目标

第一阶段主要工作包括：

- **明确集团总部在海外业务管理工作中的定位：**承担战略引领职责，全面统筹集团海外业务布局、资源配置和风险管理工作；
- **设立海外事业部：**制定集团海外业务规划和投资策略、建立海外信息与资源获取渠道；对海外业务运营进行监督、协调各板块海外业务运营等；将集团原对外经贸合作公司纳入海外事业部统一管理；由集团战略委员会认定投资额较大、对公司经营业绩将产生重要影响的海外重大项目，由总部海外事业部直接管理并对项目运营结果负责；
- **业务板块层面：**在第一阶段海外事业部定位仍然是业务管理部门而不是经营部门，因此存量项目仍由各业务板块独立管理；原有的海外二级子公司根据业务类型划归各产业板块进行管理。

第二阶段：放权，设立海外区域总部和产业事业部，形成矩阵式管理

未来，随着征延公司海外业务不断成熟，公司跨国化指数 * 水平逐步提升，业务发展将进入全球经营阶段。为更好地适应海外市场特点，提升公司在区域市场内的资源共享水平和品牌影响力，征延公司需进一步优化海外业务管理架构，通过设立海外区域总部和产业事业部实现"放权"的目标（见图 4-9），使公司能够更好地响应复杂多变的客户需求，提供本土化解决方案。

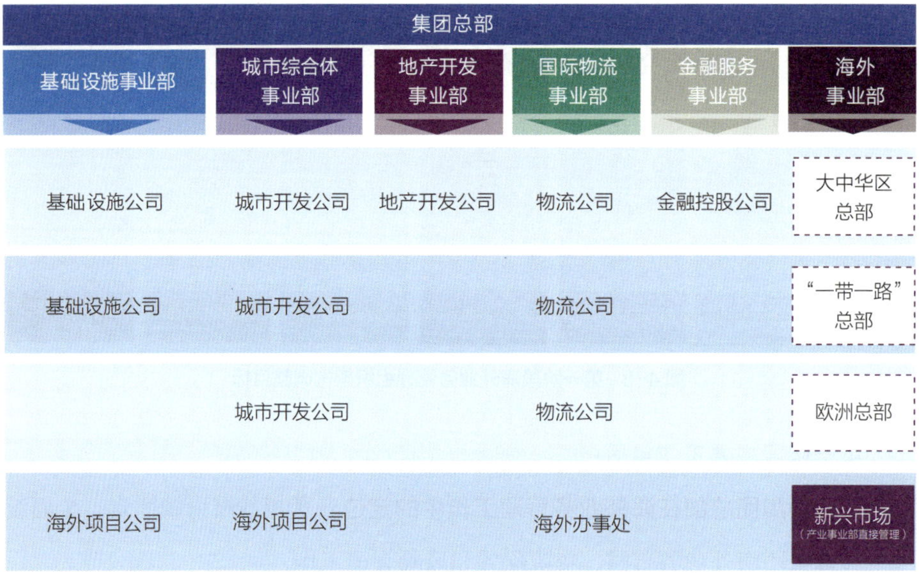

图 4-9　第二阶段海外业务管理组织架构调整目标

* 跨国化指数：（Transnationality Index，简称 TNI），联合国贸易与发展委员会（UNCTAD）用于评价企业国际化程度，跨国化指数 =（国外资产 / 总资产 + 国外销售额 / 总销售额 + 国外雇员数 / 总雇员数）/ 3 × 100%

- **设立海外区域总部**：随着集团海外业务运营经验不断丰富，在保持并加强“一体化”基础设施项目服务能力的基础上，海外事业部将依据市场成熟度和所涉及的业务种类设立海外区域总部，逐步整合各业务板块的海外项目管理职能并统一管理海外区域市场，形成区域利润中心；
- **在集团层面设立产业事业部**：为业务板块在不同区域内的经营活动提供业务指导，集中开展研发创新、技术支持和协调跨区域业务合作等工作；
- **集团负责财务管控**：在“强区域管理”的海外业务管控模式下，集团总部仅对各海外区域总部进行战略指引和财务管控；
- **新兴市场业务管理**：对于不成熟、业务种类单一的新兴市场业务不设区域总部，由产业事业部直接管理业务运营。

在明确了组织变革路径之后，毕马威团队对于组织结构的“动态调整”和“机制匹配”方案也提出了具体建议：

- **动态调整**：海外市场具有多样性与不稳定性的特点，因此毕马威团队建议征延公司在充分了解海外市场变化趋势和组织变革计划执行效果的情况下，由集团战略委员会和人力资源部每半年针对不同海外区域管理部门联合开展组织成熟度和员工效能评价，根据市场情况变化和业务发展需要针对海外区域公司的设置和所管辖区域的划分进行动态调整；
- **机制匹配**：在组织架构调整基础上，对集团计划预算、投资决策、财务管控、人力资源等核心管理制度和流程进行梳理与优化，使其与海外业务管理体系的调整目标和方案、各部门的职责权限设定保持一致。

03 人力资源变革为海外业务战略实施保驾护航

为实现海外业务战略目标，征延公司需建立一支拥有海外投资、法律、财务、贸易、资产管理、运营、市场营销、公共关系以及文化融合等经验的复合型专业人才队伍。

通过访谈和调研，毕马威团队发现，作为一家以基础设施建设为主业的国有企业，征延公司在员工绩效考核、职业发展规划、国际化人才引进等方面存在一些问题，主要体现在：

- **绩效考核：**绩效管理理念和原则宣传不到位，考核流于形式；部门绩效指标没有分解到员工个人的考核指标体系中；部门和员工的绩效考核结果没有与奖惩制度紧密联系起来；
- **职业发展：**专业人才的职业发展前景不明朗，普遍的情况是优秀员工进入管理层后才有机会提高薪酬福利待遇，获得发展空间；缺乏针对海外派遣人员设计的职业发展规划；
- **国际化人才引进：**没有充分利用市场提供的人才招聘渠道；缺乏经验，国际化人才选聘、任用标准不完善；受国有企业体制制约，集团能够提供的薪资水平在劳动力市场上竞争力有限。

通过深入分析征延公司人力资源管理现状和海外业务发展战略对人才队伍提出的要求，毕马威团队提出了征延公司人力资源变革的五大战略举措：

- **优化部门岗位设置：**在清晰界定集团海外事业部与各业务线海外业务管理部门的权责分工后，优化部门岗位设置，利用分等级职责分配矩阵（RACI 模型，见表格 4-2），将部门职责进一步分解到各岗位；

表格 4-2 RACI 职责分配矩阵举例

部门职责/岗位	岗位 A	岗位 B	岗位 C	岗位 D	岗位 E	岗位 F	岗位 G	岗位 H
部门职责一	R	C	C	—	A	I	—	—
部门职责二	—	—	R	C	A	I	I	—
部门职责三	—	R	—	C	C	—	A	I
部门职责四	—	R	C	C	C	A	I	I
部门职责五	R	—	C	A	I	I	I	—

备注：Responsible- 主要负责人；Accountable- 批准人；Consulted- 负责提供协助与支持；Informed- 知晓事件进展；“—”表示不适用。

- **建立海外人才能力素质模型：**针对海外人才在语言技能、跨文化沟通、团队协作及心理抗压等方面的特殊能力要求，建立集团海外人才能力素质模型（见图 4-10）；协助人力资源部门开展内外部人才的识别和盘点，制定人才发展规划；

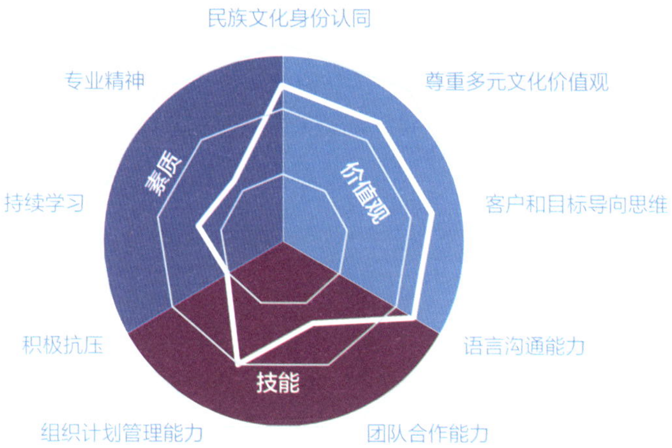

图 4-10 海外人才能力素质模型示意图

- **科学制定绩效考核指标，加强针对绩效考核体系的宣传：**科学制定管理者和员工的绩效考核指标；针对目前绩效考核工作中存在的问题，毕马威项目组开展教练式辅导工作，组织海外业务人员举行战略解码 * 研讨会并绘制战略地图 **，在辅导过程中宣传集团绩效管理体系方案；
- **制定更具激励性的薪酬方案：**在海外业务岗位价值评估和内外部薪酬对标基础上，确定在市场上具有竞争力的薪酬水平；优化薪酬结构，完善福利津贴体系；将绩效考核结果与薪酬福利方案紧密联系在一起，增加浮动薪酬比例和绩效弹性，建立更具激励性的海外人才薪酬体系；
- **加强人才队伍建设：**

1）合理制定人力资源配置计划：针对海外业务人力资源需求，通过岗位职责、权限、用工风险、成本等多角度分析，确定中方外派人员和当地招聘员工比例，制定人工成本计划；

2）拓宽招聘渠道：协助征延公司选择数家国际著名猎头公司，引入海外业务运营和管理人才；针对管理层面试提供专题培训，提升人才识别能力；

3）完善外派员工职业发展体系：借鉴行业先进实践，制定海外员工管理办法，建立定期轮岗制度；将员工海外工作绩效与职务晋升和职业发展联系起来，拓宽外派员工晋升通道，完善职业发展体系。

---

* 战略解码：指清晰描述、分解公司战略重点，将其转化为全体员工可理解、可执行的具体行动的过程。战略解码是战略规划实施工作的一部分，其目标是提升员工的战略执行力。战略解码的最终产出成果为部门重点工作计划与管理者和员工的绩效承诺。

** 战略地图：以平衡记分卡的财务、客户、内部运营、学习与成长四个维度为核心，通过分析不同维度指标项关系而绘制的企业战略因果关系图，为制定战略实施规划和资源配置方案奠定基础。

海外财务管理平台是境外业务管控利器

核心提示

01 海外财务管理平台是境外业务管控利器

02 海外财务管理平台的运营模式及职能定位选择

03 海外财务管理平台设立流程

案例背景

近些年来，随着中国发展进入“新常态”，经济增长速度放缓，各行业普遍感受到新技术和新商业模式带来的冲击以及环保要求提高、产业升级带来的压力。面对挑战，企业纷纷加大投入，一方面提升产品研发、服务创新和运营管理能力，谋求实现转型升级；另一方面，充分利用国际市场和国际资源为先进产能寻找更为广阔的市场空间，获得高新技术以及优质原材料，实现“优进优出”。

征延集团作为中国领先的高端装备制造业企业，面对新形势和新要求积极求变，紧紧抓住“一带一路”和全球轨道交通装备产业大发展等战略机遇，全面推进以“转型升级、以局部突破带动业务全面发展”为方向的全球化战略。

在征延集团总战略方针指引下，各区域公司根据自身业务发展情况，在“一带一路”沿线和其他境外地区成立了多家子公司，由各区域公司直接管理。

通常来说，境外子公司的海外准则财务报表会外包给当地会计师事务所负责编制，而中国准则的财务和管理报表则由国内的业务线管理部门编制，集团总部国际事业部负责收集并汇总到集团财务部。在实际工作中，这样的安排存在一定的弊端：一方面，海外子公司的财务管理主要由各业务线负责，集团总部难以针对境外业务发挥财务及风险管控职能；另一方面，从整体上来看，财务工作没有形成系统的管理体系，管理效率不高，财务管理与业务经营的联系还不够紧密，难以为业务线提供决策依据。

为充分发挥财务管理职能并为管理层提供决策支持，帮助企业提升精细化管理水平和业务反应速度，征延集团决定引入毕马威财务管理咨询服务团队，借助外脑进一步梳理并完善公司海外业务财务管理体系。

经初步诊断，毕马威团队发现，区域公司在境外的运营往往是“各自为战”，在项目前期财务管理通常采用“业务人员 + 财务外包”的模式。从投融资、税务统筹、财务合规、风险管理等方面来看，这样的模式存在一些问题，具体来说主要包括：

- 海外管理权限分散，集团国际事业部仅为虚线管理，实质上仍然需要业务事业部通过多级业务子公司对海外子公司进行管理，使得集团难以进行及时、高效地管控；
- 业务人员由于缺乏财务管理经验，难以有效汇总符合集团管理层及属地要求的经营和财务信息，带来财务、税务合规风险；
- 海外财务标准化与信息化管理缺失，增加财务管控与财务分析的难度，也难以利用财务分析结论针对业务运营提出优化建议；
- 当海外公司进入平稳运营阶段后，转变“业务人员 + 财务外包”模式、按照集团管理要求开展财务核算工作的难度较大；
- 随着境外业务规模不断扩张，海外资金管理风险加大，目前财务工作在支持总部资金风险管控职能方面发挥的作用仍较为有限。

毕马威团队认为，为顺利实施国际化战略，征延集团需改变目前子公司境外投资缺乏统一指引的现状，在集团层面统筹管理与协调各子公司海外业务，这对集团公司的战略目标分解、海外业务管控、资源统筹调配和风险管理等工作提出了更高要求。在这样的情况下，财务管理工作如何能够更好地满足海外业务发展需求，为业务决策提供必要的支持与风险提示，是征延集团落实国际化战略需要解决的问题。

在与客户进行充分沟通之后，毕马威团队确定了征延集团海外财务管理体系建设思路，即从梳理现状和需求入手，评估建立海外财务管理平台的可行性，然后进一步明确海外财务管理平台的职能、运营模式和建设流程，最后解决财务管理平台的“软”“硬”件配置问题。

01 海外财务管理平台是境外业务管控利器

与大多数中国企业海外分支机构的发展经历相似，征延集团成立境外子公司往往是为了服务某个项目，考虑到时间、成本、人才短缺等因素，子公司建立之初的财务管理工作通常是由缺乏相关经验的业务人员承担。

海外业务面临的宏观环境因素对海外财务管理工作提出了更高要求（见表格4-3）。

表格 4-3 宏观环境因素及挑战

	国内和海外宏观环境	海外财务管理工作面临的挑战
政治因素	• 海外市场产业政策调整； • 遏制非理性投资，国资委对央企海外资产风险管控日趋严格； • 海外市场政局不稳、政府更迭；	• 加强对海外业务内控和全面风险管理； • 提高财务数据和报告质量，应对内外部审计合规要求；
经济因素	• 人民币逐步成为国际交易货币； • 投资并购等市场机会增多；	• 需要更强的业务开拓支持能力（如定价、成本）； • 提高海外融资能力、外汇风险管理能力； • 提高并购及投后整合能力；
社会因素	• 海外财务管理专业人才引进难； • 外派人员不稳定； • 部分海外市场专业财务管理人才稀缺；	• 引进关联业务领域人才，大力推进内部人才队伍建设； • 提升员工海外财务管理能力； • 完善企业信息化系统建设，减少人工操作；
技术因素	• 大数据、云平台、移动商务等新技术和新应用迅猛发展； • 企业资源系统（ERP）等应用系统逐渐成熟；	• 运用成熟的信息技术手段，高效管控海外业务；
法律因素	• 海外业务分布区域广，不同区域市场的财税政策差异较大 • 国际会计准则及各国财税政策持续发生变化。	• 深入研究海外市场财税政策，减小政策变化带来的不利影响，确保合规经营； • 强化财务管理工作对于企业海外投资与运营的支持。

为加强海外业务财务管理，征延集团曾尝试或考虑过以下方案：

- 在海外项目所在地聘请会计师事务所代管财务工作，然后再由集团财务人员接手

该方案可以在一定程度上解决在项目初期海外子公司缺乏财务管理人员的问题，但由于境外各地会计核算体系存在差异，因此在项目后期由集团接手财务工作时，往往需要投入较大精力修正已有核算体系，使其满足集团管理和境内监管合规要求；

- 组建短期“援建小组”赴项目一线协助建立财务管理体系

从集团总部财务部抽调人员组成“援建小组”，直赴项目一线，负责海外子公司财务体系建设工作。“援建小组”的工作职责主要包括选聘当地会计师事务所、建立核心会计制度等。通常情况下，“援建小组”在当地驻场时间为三至六个月，在协助当地外包事务所与集团总部财务部门顺利完成对接、财务工作步入正轨后，完成援建工作撤离现场。

“援建小组”制度有利也有弊。一方面，“援建小组”了解集团财务管理要求，在“援建小组”指导下，海外子公司能够在较短时间内熟悉集团财务制度并编制符合要求的财务报表。然而，在实际工作中，集团财务管理团队中业务能力强、海外项目经验丰富、能够熟练使用外语的人员不足，无法满足“援建小组”外派人员需求；临时性的“援建小组”游离于海外项目管理体系之外，小组成员又往往是集团的“精兵强将”，日常工作比较繁重，即使身在项目一线也难以全身心投入到海外子公司财务体系的建设工作中，在一定程度上影响了工作质量和工作效率；此外，长期海外出差也不利于人才队伍的稳定。

- 成立财务共享服务中心

建立财务共享中心可以实现降本增效的目标，对于能够稳定运营的海外公司来说，这是一个较为理想的解决方案。然而，对于处在初创期的海外公司来说，因其业务流程仍有待进一步规范与完善，擅长处理简单、流程化和标准化财务工

作的共享中心的优势并不明显。

在对征延集团财务管理现状和需求进行充分调研的基础上，毕马威团队建议征延集团建立综合性的海外财务管理平台，涵盖共享服务、专家中心等职能，以有效整合现有财务资源，对公司境外运营的财务工作进行统一管理。综合性海外财务管理平台不仅能够形成标准化、流程化、高效率、低成本的财务出海解决方案，支持海外业务拓展，而且也能够针对处于初创期项目的财务工作提供一定的指导和建议。

毕马威认为，具备以下特征的企业可考虑建立海外财务管理平台，以解决境外业务财务管理难题：

- 企业进入"全球经营"阶段，即在全球市场开展生产、销售和采购等业务；
- 希望加强集团总部对于海外业务的财务管控；
- 希望能够培养公司财务管理专业团队，包括能够支持海外子公司在初创期及稳定运营期开展财务工作的核算团队，为投融资、税务筹划和财务合规提供专业咨询的专家库，负责统筹规划海外财务管理工作、明确和建立权责分配方案的海外业务治理与管控专家等。

在与毕马威团队进行充分沟通之后，征延集团最终接受了建立海外财务管理平台的建议。

02 海外财务管理平台的运营模式及职能定位选择

在征延集团做出了建立海外财务管理平台的决定之后，下一步工作是确定平台管控模式、管理职能并制定人员配备等工作计划，主要原则是：

- 财务管控模式应服从于整体战略部署和集团管控要求，是集团管理的重要抓手；
- 财务管理职能是实现财务管控目标的具体手段，是落实财务管理体系规划的重要一环；
- 针对组织人员、流程、系统建设做出相应配套调整，以满足业务和管理需求。

阶段一：财务管控模式及管理架构的规划

图 4-11 是征延集团原海外业务管理架构，海外子公司由业务部门直接领导，财务部仅提供支持，而国际事业部仅起到协调作用。用于总部决策的业财数据传

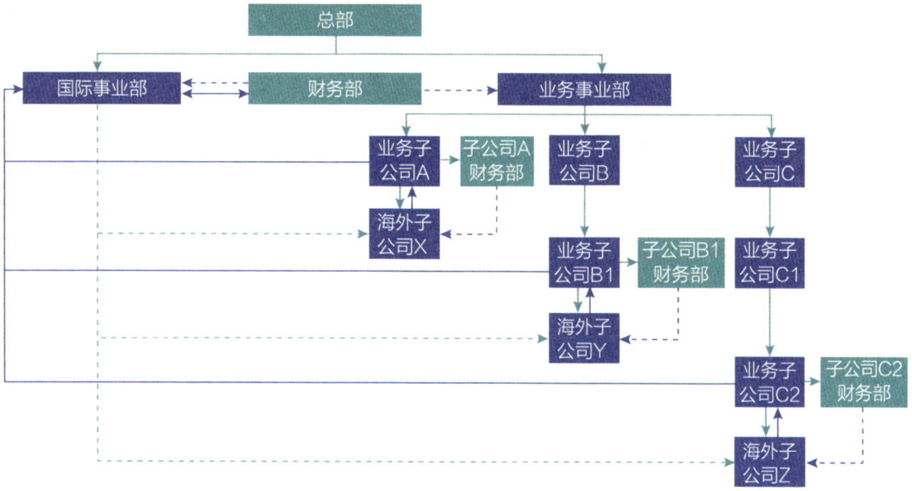

图 4-11　集团原海外业务管理架构

注：图中绿色实线表示管理路径，蓝色实线表示业财数据报送渠道，虚线表示提供支持服务。

递路径也比较曲折，海外子公司数据国内业务线管理部门准备、集团总部国际事业部收集并汇总、再传递到集团财务部，财务部分析后再提交给国际事业部用来作为决策依据。

考虑到征延集团境外分支机构多、业务规模较大，未来集团希望能够加强对海外业务的管控，毕马威团队建议客户采用矩阵式管理模式，使国际事业部能够切实发挥对于海外子公司的监管职能，缩短管理路径、提高管控效率、节约核算成本。

图 4-12 是调整后的征延集团海外业务财务管理架构，具体来说，它的主要特点有：

- **强化了国际事业部对海外子公司的管理：**国际事业部不再只负责与海外子公司人员对接并收集经营和财务数据，而是深度参与投资运营和财务管理决策，形成真正的矩阵化管理，即海外子公司接受国际事业部与业务子公司的双重领导。

国际事业部与业务事业部分工：

国际事业部统筹海外业务经营管理和资源配置，提供综合服务；

业务事业部提供专业技术和各类资源，支持海外业务拓展和项目实施。

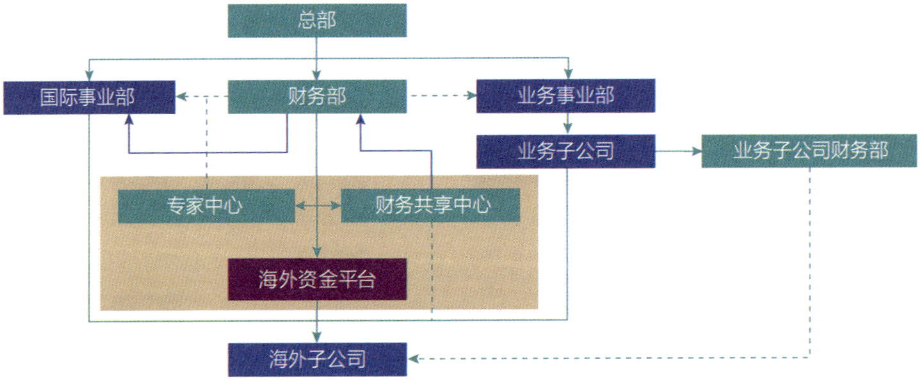

图 4-12　调整后集团海外业务财务管理架构

注：图中橙色部分为“海外财务管理平台”，图中绿色实线表示管理路径，蓝色实线表示业财数据报送渠道，虚线表示提供支持服务。

- **采用复合型的平台模型：**由于各海外子公司所处发展阶段不同，短期内在财务管理上很难统一标准，最终毕马威团队决定采用复合型的平台模型，海外公司财务仍交由业务子公司管理，但集团成立共享服务中心及专家中心服务并支持属地财务工作；
- **设立海外财务管理平台：**由财务部负责管理，平台设专家中心、共享服务中心和资金管理平台。目前征延集团已对境内资金实施集中管控，未来也计划集中管理境外资金。征延集团香港公司具备一定的硬件和软件基础，可以作为集团的海外财务管理平台发挥作用，毕马威团队通过调研，评估征延集团海外资金管理需求，以协助征延集团制定未来工作计划，实现海外资金集中管理；
- **优化海外财务数据流向：**在原来的管理体系中，财务数据由国内业务线管理部门准备、集团总部国际事业部收集并汇总、再传递到集团财务部，财务部分析后再提交给国际事业部用来作为决策依据。整个数据流涉及较多的业务管理层级，周期长，而且当财务部门发现数据偏差或缺失时，还需要由国际事业部协调业务线补充数据。在新的管理架构下，海外财务管理平台的财务共享中心为海外子公司提供服务，掌握财务数据，因此可以直接提交集团财务部，分析处理后提供给国际事业部，使得整个流程大大简化，提高了数据分析的时效性。

阶段二：确定海外财务管理平台职能定位

通常来说，根据项目需要，海外财务管理平台可以具备多种职能，以有效解决业务出海面临的财务管理问题，包括人员配备不足、财务流程与制度缺失、业务与财务管理结合不够紧密等。

在本案例中，征延集团海外财务管理平台的职能主要包括：

- **财务治理中心：**负责统筹规划海外财务管理工作并制定权责分配原则；负

责汇总、分析各海外子公司财务管理数据，为国际事业部业务决策提供信息支持；负责境外资产运营的监管工作；

- **财务共享服务中心：**为海外子公司提供标准化会计核算服务，编制符合中国准则要求的财务报表，解决开展海外业务过程中财务人员不足、会计核算难以实现标准化、海外项目跨境管理不便等问题；
- **专家中心：**负责在海外业务开展初期，协助海外子公司建立并完善财务管理体系和相关制度，确保业务流程的规范与统一；针对海外项目投融资、税务筹划、财务合规等工作提出专业建议，为建立财务共享服务中心夯实基础；
- **海外资金管理平台：**以确保资金安全性、流动性、效益性为目标，通过为成员单位提供贴身优质金融产品和高效金融服务，实现企业集团内部资源整合和优化配置；强化风险控制、降低融资成本、提高资金使用效率、优化内部资金结构、规范公司管理。

阶段三：财务管理平台中共享服务中心的选址策略

通常来说，共享服务中心选址需综合考虑当地政策支持、劳动力素质及成本、与业务运营地的距离、与业务线联系的密切程度、所在地互联网行业发展状况和信息基础建设水平、能源保障以及中外文化差异等。需要特别关注的是，“一带一路”沿线大多是新兴经济体和发展中国家，如果共享服务中心设在这些地区，企业需重点评估当地政治、经济、法律和基础设施建设等商业环境风险。

共享服务中心的选址非常重要。在一些实际项目中我们观察到，由于前期对各项因素调研不够深入，一些中国企业海外共享服务中心的选址并不恰当，致使运营出现一些问题，包括财务管理人工成本不降反升，人员流动率偏高，灾备网络等信息系统成本远超出预算水平等。

征延集团海外业务发展重点在亚太区域，特别是“一带一路”沿线的中东、东南亚地区。在这个范围内，毕马威团队针对设立共享服务中心的候选地点，就可能影响选址的因素进行了全面梳理和分析，包括但不限于经济发展、税收安排与转让定价、人力资源、运行成本和基础设施条件等。此后，毕马威团队还设计了共享服务中心选址评分体系并建立选址模型，利用模型对主要候选地点进行了分析和测算，最终出具了选址方案，其中明确了选址标准、选择依据、各候选地点的优劣势分析和最终推荐结果。征延集团最终采纳了毕马威团队的推荐建议，完成选址工作。

阶段四：财务管理平台的“硬件”支持及“软件”提升

在确定了财务管理平台建设方案及选址方案后，征延集团面临财务共享中心核心运营系统集成、数据库与服务器迁移、网络升级等“硬件”设备配置以及制度流程体系建设和人才队伍培养等“软件”提升工作。

在“硬件”层面，通常来说，共享服务中心核心运营系统在企业门户下，搭建报账系统，以核算系统为核心，并集成影像系统、服务响应系统、服务分配系统、资金管理系统、预算系统，以完成一系列的报账流程。在此基础上，核心运营系统与外围 HR 系统、档案管理系统、邮件系统等也需要数据与流程的对接，因此不仅需要对操作系统、服务器通盘考量，对共享服务中心所在地的数据、网络安全及监管要求也要足够重视。

征延集团为建立财务共享服务中心，决定以国内集中部署的 ERP SAP 作为财务共享系统群核心，并进一步确定财务共享中心信息系统建设的重点是基于现有系统，实现各系统间的无缝集成，着力实现预算、资金、核算系统一体化，打通自动化管控链条。

在“软件”提升方面，基于集团目前情况，毕马威团队建议在以下三个方面加强工作：

- **进一步细化海外业务管控模式和风险管理职责**

明晰海外业务管理、运营机构之间的责权界面，包括总部财务部、海外管理平台、业务事业部、海外子公司等；

将海外财务数据的收集、汇总、分析工作职责划分至不同的管理部门和职能岗位；

明确各部门监控、识别、应对海外财务风险的职责，确保海外财务管理平台稳健运行；

- **加强制度建设，规范公司流程管理**

针对海外业务制定更具操作性的会计核算制度、会计准则转换标准、境外资金管理制度、融资/汇率风险预警制度等，与总部相关制度对接；

梳理、规范、优化关键海外业务流程，加强管理并使流程有效固化，提升流程执行效果；建立流程优化和持续改进的长效机制；

- **细化岗位职责，加强人力资源管理**

确定组织架构调整方案，编写岗位职责说明书；

对现有人员开展能力评估，制定人力资源需求规划，制定外派与招聘计划，从选、用、育、留、轮五个角度完善海外财务人员管理机制；

调整绩效考核和薪酬福利体系结构，增加与业绩挂钩的浮动薪酬比例，以更好地调动员工积极性；

结合业务发展需要，组织财务、金融相关的专业知识培训；借助专业咨询机构外脑支持，逐步培养公司人才队伍。

03 海外财务管理平台设立流程

在确定了海外财务管理平台的运营模式和职能定位以后，征延集团需要在规划实施路径上做出选择。基于对管理流程进行调整和优化的时间顺序安排，海外财务管理平台设立方案可以分为以下三种：

- 方案一：梳理现有流程，根据新的管理模式要求对流程进行调整和优化，然后在此基础上建立海外财务管理平台。这个方案可以夯实财务管理平台的基础，风险较低，但周期较长且成本较高；
- 方案二：先建立海外财务管理平台，再逐步优化管理流程并扩充平台提供的服务种类。该方案可以在较短时间内建立起海外财务管理平台，但因为前期没有进行充分调研并优化现有业务及流程，最初海外财务管理平台的职能、机构、岗位设计不一定是最优方案，因而在未来运营中有可能需要对原方案进行调整与优化，甚至推翻重建，从而增加项目风险；
- 方案三：同时启动海外财务管理平台建设及流程调整与优化工作。该方案可以较好地平衡风险和效率，但对前期规划的要求较高，而且需要执行团队、集团及各成员单位相关部门密切配合，才能取得较好的实施效果。

毕马威团队对各海外子公司的财务管理现状进行了详细地摸底调研，针对集团建立了标准成本模型、进行成本测算并提供了海外财务管理平台运行成本分析结果；同时对海外财务管理平台运营效益进行了估算，包括但不限于财务工作效率提升、人力资源成本降低、综合投入成本回报率和回报周期等方面；根据以上分析明确海外财务管理平台建设的关键步骤及任务。

毕马威团队认为，虽然征延集团海外业务的财务流程具备一定的标准化基础，但海外子公司业务模式、财务管理成熟度不尽相同，如果首先规范业务和财务管理流程，再将其移植到财务管理平台，需要消耗大量的时间与精力，有可能“贻误战机”。此外，毕马威团队还了解到，征延集团企业文化具有“自上而下”执行力较强的特点，而且集团领导给项目执行团队配备了精兵强将，对项目未来可能面临的风险进行了充分的评估并准备了相应的风险应对预案。

在综合考虑了这些因素之后，毕马威建议征延集团以方案三为基础，在实施财务管理平台建设方案时，首先进行海外财务管理平台的顶层规划，然后根据规划方案同时启动流程调整与优化、共享服务中心和专家中心的筹建工作。由于集团总部财务人员配备不足，征延集团决定在财务管理平台运营逐渐步入正轨之后，再着手搭建海外资金平台。

审计与资本市场运作实践

案例一：境外收购优质资产并入境内上市公司

案例二：境外经营相关会计及审计

案例一：境外收购优质资产并入境内上市公司

核心提示

01 评估会计准则差异，确定财务报表审计和评估标准

02 了解境外投资财务管理新规要求，积极履行合规义务

03 收购后及时开展收购价格分摊评估工作

04 快速适应境内监管要求，及时提交中国企业会计准则下的财务报告

05 与境外被收购企业充分沟通，明确职责分工

06 资本市场运作需与监管部门进行充分沟通

案例背景

征延公司是国内一家制造业央企的子公司。近些年来，征延公司逐渐感到企业发展遇到了瓶颈，主要表现为产品结构较为单一，缺乏技术含量和附加值高的明星产品；生产和经营的数字化和网络化程度偏低，制约了生产效率的提升等。总体上来说，征延公司的整体实力距离行业先进水平还有不小的差距。

随着供给侧结构性改革向纵深推进，征延公司感觉到来自企业转型和竞争对手的压力越来越大。经过讨论，管理层一致认为，自身有机增长和开展战略合作已经无法满足企业发展需要，而通过收购境外拥有先进技术和生产工艺的优质资产，使其与境内业务产生协同效力，企业可以快速弥补能力短板和产品空白；如果能够成功将境外优质资产与境内业务整合上市，将会进一步加强征延公司的竞争实力和在国际市场中的品牌影响力。

经过复杂的项目筛选流程，最终，征延公司将目标锁定为一家总部设在以色列的大型生产制造行业跨国集团公司，收购交易金额高达数亿美元。

收购境外企业、并将其注入 A 股上市公司，将涉及诸多境外收购和境内资本市场运作的重要环节，而且市场中也没有太多成功的案例可供借鉴。因此，虽然征延公司在境外投资方面拥有一定的经验，但面对这个以色列项目，项目组还是感觉到困难重重。

从投资标的筛选和评估、商业 / 财务 / 税务尽职调查、商务谈判、交割，再到将海外资产整合并注入征延的 A 股上市公司中，这个项目前后经历了五年时间。在这个过程中，征延公司在专业机构的协助下，克服了一个又一个难题，积累了宝贵的经验。在这里，我们对这些成功经验进行了总结和分析，希望能为其他在“一带一路”开展对外投资的中国企业带来一些有益的思考。

01 评估会计准则差异，确定财务报表审计和评估标准

在海外投资项目中，境外被收购企业所适用的财务报告准则通常与中国企业会计准则间存在差异。

2015 年，中国财政部与国际财务报告准则基金会联合发表声明，表示中国企业会计准则已经实现了与国际财务报告准则的实质性趋同。但在实际操作层面，两者之间仍然可能存在若干细节方面的差异。

我们特别提请开展对外投资的中国企业注意，两个会计准则对于统一会计期间、少数股东权益核算以及长期资产的后续计量等的具体规定有所不同。中国企业需要认识到，这些差异有可能会对财务报表带来不同程度的影响，甚至可能从根本上决定一个投资项目是否具有投资价值。

此外，如果被收购企业适用的财务报告准则并非国际财务报告准则，而是当地的其他财务报告准则，则中国企业可能面临更多、更复杂和更难以预期的准则差异。中国企业在进行海外收购前必须充分了解这些差异，并对其可能带来的影响做好准备。

在征延公司收购项目中，被收购的以色列企业一直适用国际财务报告准则。毕马威专家组和征延公司项目组的财务人员共同明确了三项实质性准则差异和若干细类差异，其中针对少数股东权益核算的准则差异对项目影响重大。在毕马威专家的指导下，征延公司对这些差异进行了充分地研判并做出了相应调整，避免了对目标公司净资产的误判，为日后企业顺利开展运营扫除了障碍。

02 了解境外投资财务管理新规要求，积极履行合规义务

为防范财务风险，提高投资效益，财政部于 2017 年 6 月印发了《国有企业境外投资财务管理办法》（简称《管理办法》），对国企境外投资事前、事中、事后财务管理提出了明确要求，贯穿境外投资决策、运营、绩效评价等全过程。

《管理办法》明确规定：

国有企业以并购、合营、参股方式进行境外投资，应当组建包括行业、财务、税收、法律、国际政治等领域专家在内的团队或者委托具有能力并与委托方无利害关系的中介机构开展尽职调查并形成书面报告；

对投资规模较大或者对企业发展战略具有重要意义的境外投资，国有企业应当分别组织开展内部和外部财务可行性研究，并要求承担可研的团队和机构独立出具书面报告；对投资标的的价值，应当依法委托具有能力的资产评估机构进行评估。

在实务操作中，如何认定被收购标的是否属于规模较大或对企业发展战略具有重要意义的投资？为履行合规义务，企业在收购前需要完成哪些工作？根据上级企业和国资委的具体要求，是否需要对被收购标的执行中国企业会计准则下财务报表的审计工作？是否必须在收购前开展外部财务可行性分析，对收购标的资产价值进行评估？

在开展收购前，企业需要对这一系列的问题逐一确认，如果前期工作准备不足，将可能使企业向集团管理层及监管机构提交的收购审批资料不完整或不满足要求，导致收购进度大幅延后，甚至可能错失最佳收购时机。

在征延投资以色列的项目中，收购方为国有企业，该项目也被集团管理层和监管当局认定为规模大且对企业战略发展具有重要意义的投资。因此，征延公司聘请了毕马威作为其外部财务顾问。

在毕马威专家团队的协助下，征延公司在项目初始阶段就积极与监管机构进行充分沟通，确认依据监管要求，需要对被收购公司执行中国企业会计准则财务报表的审计，并聘请了境内的合格评估机构对以色列公司资产价值进行评估。

对于一个境外大型企业而言，相关审计和资产评估工作需要投入大量的人力和时间。但是征延公司的前期考量和与监管机构及时、充分的沟通无疑为项目审查预留了充分时间，为并购项目的顺利开展奠定了良好的基础。

03 收购后及时开展收购价格分摊评估工作

终于完成了收购交割，很多人认为已经是大功告成了，而实际上对于企业的财务人员来说，这只是一个开始。

在财务管理领域，收购后的第一项重大工作就是确定收购价格在取得的可辨认资产、负债和或有负债之间的分摊比例和商誉价值。收购完成后，财务人员应在第一时间与被收购企业沟通，选择双方均认可的中介机构对被收购方于收购时点的可辨认资产、负债的公允价值进行评估，并取得中介机构出具的收购价格分摊报告；同时，收购方财务管理人员应根据合同相关条款和收购价格分摊报告结果确定恰当的会计处理方式并计算商誉。

在近年的案例中，我们发现境外并购的合同条款日趋复杂，而随着企业会计准则对收入确认、金融工具分配、确认和计量等要求的不断更新和细化，不同合同条款下的会计处理方式也日趋多样。在相似的合同条款下，可能会因为具体条款的细微不同而导致会计处理方式发生重大变化；甚至是在相同的合同条款下，管理层对于会计政策的选择不同也会对企业未来运营产生深远影响。

在收购日全面分析并明确与收购相关的一系列会计安排对于财务管理的影响，并妥善进行相应的会计处理，无疑将会为日后开展完善、有效的财务管理工作打下坚实的基础。

在征延项目中，毕马威专家团队协助企业制定了稳健且具有前瞻性的计划，主要包括：

- 事前提示客户重视收购日的重大意义，并协助客户依据项目实际情况，按照“实质重于形式”的原则明确收购日期；
- 就收购价格分摊、商誉计算等工作的实施计划及其对财务管理的重要影响等事项，与征延公司进行了深入探讨，并做出了具体安排等。

04 快速适应境内监管要求，及时提交中国企业会计准则下的财务报告

很多境内大型企业内部都制定了严格的定期汇报制度，比如月报或季报。对于国有企业来说，还需要每月向国资委提交合并月报，这就意味着自并购交割完成的第一个月起，征延公司收购的以色列企业就需要适应境内汇报要求，按照既定格式向集团上报月度财务信息。

为及时准备完善的财务汇报信息，对中国企业会计准则缺乏了解的境外被收购企业往往需要经历一个异常艰难的学习和适应的过程。

在长期支持中国企业开展对外投资的过程中，毕马威已经积累出了一套能够帮助海外被收购企业迅速了解并适应境内财务汇报机制的经验。在征延项目中，毕马威专家多方面、多维度地帮助以色列被收购公司建立了满足中国企业会计准则要求的汇报体系。

第一，我们帮助企业量身设计了更加适用于被收购公司的汇报流程和表格。这些表格充分考虑了以色列企业的特点、现有财务信息及披露习惯和征延公司的信息披露要求等因素，同时也能够满足中国企业会计准则、相关监管机构对财务信息披露的要求。

第二，我们的专业服务人员专门赶赴以色列，帮助企业财务人员理解中国企业会计准则及披露要求。比如，国际财务报告准则和现行中国企业会计准则对于现金折扣的处理要求是不同的（中国企业会计准则下新收入准则颁布后则不再存在此差异）。在国际财务报告准则下，现金折扣通常作为收入的抵减项列示，而在现行中国企业会计准则下，现金折扣要求在实际发生时作为财务费用列支。

在现场指导境外企业识别并统计相关准则差异数据时，我们发现虽然这一准则差异的原理非常简单，但由于理解的不一致，在实际工作中会有很多细节问题需要解答。此外，我们的专业服务团队也需要主动分析各部门数据的合理性，并

要求数据不合理的部门进一步解释说明或提供支持性材料。在工作中，我们的体会是只有面对面的沟通才能确保双方工作人员能够充分理解对方的意见，最大限度地保障准则差异调整的完整性和准确性。

第三，在毕马威专家的协助下，企业引入了信息技术专家协助开展被收购企业财务管理系统与中国境内财务汇报体系的对接。征延公司收购的以色列公司一直采用企业资源计划系统（ERP）进行财务管理和财务汇报。在并购整合阶段，毕马威的专业服务团队协助以色列公司通过增加末级科目设置和字段设置等方式，实现了在中国企业会计准则下财务报表的自动化调整和导出功能，大大降低了财务人员的工作量和错报风险。

第四，常态化的培训机制有助于加强对被收购企业财务工作的管理，不断提升其财务管理能力以及内控和财务报告水平。在征延项目中，当中国企业会计准则或集团适用的会计制度体系发生变化时，毕马威的专业人员能够及时对以色列公司的财务人员进行培训，使其逐步适应境内财务汇报的格式和时间要求。

05 与境外被收购企业充分沟通，明确职责分工

对于重大及特殊事项，境内收购企业需与境外被收购企业进行事前沟通，就重大事项的处理和汇报的分工和流程达成一致，比如由谁来组织并领导收购价格分摊和商誉的年度减值测试工作。

在以色列收购项目中，征延公司境内财务管理团队在毕马威的协助下与被收购企业进行了充分沟通，双方决定在境内财务团队领导下，由境外财务团队组织开展收购价格分摊工作；每年末需开展的商誉减值测试工作则是由境内集团财务管理团队制定相应的指导原则，由境外财务团队负责计划实施并向集团做出汇报。

每个企业的具体情况不同，针对双方团队的职责分工，企业可根据境内外财务管理团队的能力和人员配备情况做出适当安排。

06 资本市场运作需与监管部门进行充分沟通

能够将境外收购的优良资产进行整合并在境内资本市场运作上市，对于中国企业而言无疑是一件非常有意义的事情。但是成功的项目运作离不开充分的准备工作、准确的判断以及中介机构的大力支持。

当企业制定了初步的资本市场运作方案后，应及时与监管部门沟通，确定审批所需的财务报告类型和提交时间要求；同时，企业还需与包括财务、税收、法律等在内的专家团队密切合作，按照资本市场运作时间表联合开展工作。

征延公司将境外资产注入 A 股上市公司是一个市场中比较少见的案例，不仅涉及收购少数股东权益、同一控制下企业合并等一系列操作，而且还面临与 A 股上市公司统一会计政策及披露格式等一系列难题。

在整个上市计划实施过程中，毕马威联合其他中介机构协助企业与监管机构（主要包括国资委及证监会）进行了充分沟通，及时确定了需提交的申报文件的具体内容和时间要求。

此外，毕马威还为企业及时、适当应对监管机构在审核资产重组过程中提出的一系列问题提供了专业支持。

毕马威专家点评

企业在“走出去”的过程中会遇到多个财务领域的困难与挑战，其中有些是摆在眼前很容易看到的，而有些看起来却不那么明显和急迫，企业稍不留意就会错过解决问题的最佳时机。而这些问题往往会对项目未来运营产生深远影响，成为企业投资过程中的“陷阱”。

在本案例中，我们举例分析了这些可能出现的“陷阱”以及相应的解决方案。而在实际工作中，发现这些“陷阱”并制定应对方案则考验着企业管理者的专业能力、判断力和行动力。

在征延公司案例中，管理层充分认识到了项目的独特性以及可能遇到的挑战和困难，这也是为什么毕马威的服务团队能够在项目可研阶段就与项目组联合开展工作，并参与了项目从收购到整合上市的整个实施过程。

针对由收购、资产重组带来的一系列重大及特殊财务事项，对项目进行全方位跟踪的专业人员能够及时提醒企业财务管理人员在哪些关键时点应关注哪些问题，并提出具有针对性和可操作性的解决方案。对于境外并购而言，这些源于丰富实践经验的提醒和建议往往是至关重要的，它可以使企业少走弯路，避免出现重大甚至是不可逆转的决策失误，减少不必要的损失。

此外，当收购方与被收购方在监管制度、知识体系和语言文化等方面存在重大差异时，沟通就显得尤为重要。征延公司收购的企业总部设在以色列，官方语言为希伯来语，企业文化与征延公司存在较大差异。在项目操作过程中，毕马威团队成为征延公司和被收购的以色列企业之间沟通的桥梁，作为可能出现的矛盾和分歧的缓冲区发挥了重要的作用。

案例二：境外经营相关会计及审计

核心提示

01 选择合适的记账本位币降低经营风险

02 将符合条件的外币借款汇兑损益资本化，以降低外汇市场波动对损益的影响

03 净投资汇兑差额的适当处理能够降低净投资汇率变动对损益的影响

04 重视在联合作业模式下的审计工作，避免企业利益受损

案例背景

征延公司是一家国有能源公司，主要业务是在国内及国际市场从事油气资源勘探、开发及生产业务。

在近些年的海外业务发展中，征延公司收购了多个境外油气资产，包括一个位于叙利亚的油气田，并拥有该资产的经营和管理权。

虽然征延公司在多个国家开展油气开采业务，拥有一定的海外运营和跨国管理经验，但由于每个投资地的经营环境和政策法规体系不同，再加上叙利亚的投资环境拥有一定的特殊性，比如政局不稳定、基础设施及市场监管法规不完善、货币价值波动较大等，使得企业在叙利亚项目的并购和投后管理工作中面临诸多问题和挑战，主要包括：

- 如何选择并确定记账本位币？
- 如何考虑汇兑损益的资本化？
- 油气行业前期需要大量资本支出，如何处理投资相关的会计问题？
- 油气行业一般会采用联合作业模式，在这种情况下审计工作需要关注哪些点才能维护自身利益？

01 选择合适的记账本位币降低经营风险

记账本位币是指企业经营所处的主要经济环境中的货币，也就是在日常登记账簿时用以表示计量的货币。主要经济环境是指企业产生和支出现金的主要环境，一般来说，使用该环境的通用货币能够最准确地反映出企业的交易和经营状况。

因为是在叙利亚当地经营，所以征延公司最初没有多加考虑就选择了叙利亚当地货币——叙利亚磅作为记账本位币，而这个决定带来了一系列问题。因为政局不稳和国际油价下跌，叙利亚磅的价值波动较大，极易产生汇兑损益，使得以叙利亚磅作为计量货币的报表损益不能真实反映出企业的实际经营状况。

对征延公司在叙利亚的业务活动进行初步分析的基础上，毕马威专业团队结合《会计法》及《企业会计准则第 19 号——外币折算》的要求，建议征延公司综合考虑以下因素选择合适的记账本位币：

- 从日常活动收入的角度看，所选择的货币应能准确记录企业商品和劳务销售价格，通常来说应选择商品和劳务销售时的计价货币；
- 从日常活动支出的角度看，所选择的货币应对商品和劳务所需人工、材料和其他费用产生主要影响，比如通常是以该货币进行这些费用的计价和结算；
- 考虑选择融资获得的资金和经营活动中收取的款项的计价货币，即认可通过融资获得的资金和留存的销售所得在企业生产经营活动中的重要性；
- 考虑叙利亚企业与征延公司总部的经营关系，比如：

叙利亚企业的经营是否拥有很强的自主性？

指导性原则：如果企业境外经营所从事的活动被看作是总部经营活动的延伸，一般会采用与总部一致的记账本位币；如果境外经营实体自主性强，则倾向于根据所处的主要经济环境选择记账本位币。

叙利亚企业与征延公司的关联交易是否在叙利亚企业的经营活动中占有较大比重?
指导性原则：如果比重较大，则倾向于采用与总部公司相同的货币作为记账本位币。

叙利亚经营活动产生的现金流是否直接对征延公司的现金流带来重大影响?
指导性原则：如果影响重大，则倾向于采用与总部公司相同的货币作为记账本位币。

叙利亚经营活动产生的现金流是否可以随时汇回?
指导性原则：如果可以，则倾向于采用与总部公司相同的货币作为记账本位币。

基于以上分析框架，毕马威专业团队与征延公司管理层一起对叙利亚公司的业务活动进行了全面、细致的梳理。

在叙利亚，公司的原油销售通常是以美元定价，因此美元的价值对于企业商品和劳务销售收入起到了决定性的作用。此外，虽然叙利亚项目在当地的部分支出是以叙利亚磅结算的，包括当地员工的劳务费、企业在当地的采购支出等，但主要的工程建设和油气开采支出、中方员工劳务支出等均为美元计价，所以美元实质上对商品和劳务所需人工、材料和其他费用的实际金额产生了重要影响。再加上油气行业前期需要大量资本支出，叙利亚地区的油气开采项目所需资金通常大部分为银行及关联方美元借款，也就是说融资活动获得的资金基本为美元，而且企业通常留存的收入也是美元。

在分析征延公司与叙利亚公司与母公司的关系时，项目组的结论是：

综合以上分析，项目组最终决定选用美元为记账本位币，这样既可以避免结算的不便，又能在一定程度上减少账面上因汇率变化而带来的损益波动和外币报表折算差额。根据管理层的测算，如果继续采用叙利亚磅作为记账本位币，在叙利亚磅贬值严重的 2016 年，叙利亚公司的损失将为 4.2 亿美元（主要因为美元借款的汇兑损失产生），而改为美元作为记账本位币之后实现利润 0.6 亿美元，该利润金额更准确地反映了叙利亚公司真实的经营状况。

02 将符合条件的外币借款汇兑损益资本化，以降低外汇市场波动对损益的影响

叙利亚公司日常经营涉及的主要货币为美元和叙利亚磅，选择一种货币作为记账本位币，另一种货币交易就必然构成外币交易。在调整记账本位币之前，叙利亚公司曾从当地银行借入一笔以叙利亚磅计价的款项用于油气田固定资产投资。在选择美元为记账本位币后，这笔叙利亚磅借款就变成了外币借款。由于叙利亚磅对美元汇率波动较大，虽然借款金额较小，但还是带来了比较大的汇兑波动，对叙利亚公司的整体损益带来了一定影响。

根据叙利亚公司执行的《国际会计准则第 23 号——借款费用》和征延公司执行的国内《企业会计准则第 17 号——借款费用》的规定，当企业为购建或生产符合资本化条件的资产而借入的专门借款为外币借款时，在借款费用资本化期间内，由于外币借款在取得日、使用日及结算日的汇率不同而产生的汇兑差额，是购建固定资产的一项代价，应当予以资本化，并计入符合资本化条件的资产的成本。

在毕马威专业团队的支持下，项目组对叙利亚公司的叙利亚磅借款合同条款进行了具体分析，并对该笔借款是否符合资本化条件进行了逐一核查，最终认定这笔借款符合资本化条件，建议企业将这笔外币借款及利息产生的汇兑损益资本化。

通过将符合条件的外币专门借款汇兑损益予以资本化，不仅缓解了因叙利亚磅汇率波动给企业当期损益带来的压力，而且因为汇兑损益资本化的部分将通过折耗逐期计入损益，这也缓和了汇兑损益对未来期间损益的影响。

假设在 2016 年，征延公司收购的叙利亚企业将总额为 1 亿美元的汇兑损益资本化，待资产达到预定可使用状态后，资本化的汇兑损益将通过资产计提折旧的方式逐年计入损益，假定资产使用年限为 20 年并按年限平均法计提折旧，则每年损益影响仅为 500 万美元。

03 净投资汇兑差额的适当处理能够降低净投资汇率变动对损益的影响

油气项目在前期需要大量资本支出，一般来说，企业的经营现金流不能满足资本支出需求，因此需要大量融资支持，融资主要来源于银行贷款及关联公司筹款等渠道。在有些情况下，一些来自关联方的筹款为长期性的借款。这些借款没有明确的清收计划，而且在可预见的未来也不会收回，这在实质上构成了对被投资单位的净投资。

征延公司和叙利亚公司的记账本位币分别为人民币和美元，征延公司向叙利亚公司提供的资金主要是美元计价，这使得征延公司账面上出现了金额较大的汇兑损益，因此如何在集团公司层面的合并财务报表中适当体现该汇兑损益，是征延公司需要解决的一个问题。

根据企业会计准则相关解释，在母公司拥有实质上构成了对子公司净投资的外币货币性项目的情况下，母公司在编制合并财务报表时，应将相关货币性项目在子公司层面产生的汇兑损益从损益表转入到“其他综合收益”进行列报。

在叙利亚项目操作过程中，毕马威专业团队与征延公司一起对叙利亚公司的境外筹款进行了逐笔分析，并就筹款用途与管理层进行了核实，对具有净投资性质的借款进行了确认，并汇总了相关内部决议文件，支持了将相关筹款作为净投资的认定。在毕马威专业人员的建议下，征延公司管理层在编制合并财务报表时，把已确认在实质上构成了净投资的、与货币性项目相关的汇兑差额转入“其他综合收益”项目。

通过这样的处理，在 2017 年美元贬值的背景下，征延公司将原计入利润表财务费用科目中的、与前述净投资相关的 10 亿元人民币的汇兑损失，转入了“其他综合收益”列示，大大降低了汇率波动对损益的影响。

04 重视在联合作业模式下的审计工作，避免企业利益受损

在油气行业，联合作业作为一种能够有效分担支出和风险的合作模式，在实践中得到越来越多的应用。在这种模式下，作业者和非作业者签订联合作业协议，由作业者负责油气生产作业，非作业者按权益比例承担成本费用并提取所产石油份额。

征延公司收购的叙利亚企业在中东的油田也采用了联合作业模式，同合作者依据“共同利益账单”（Joint Interest Billing，“JIB”）来确认已发生的成本费用和利益分配等，共同利益账单直接影响到合作项目的盈利性，因此显得尤为重要。

征延公司虽拥有一定的海外开发和审核“共同利益账单”的经验，但该项目有其特殊性，存在部分在叙利亚发生的一些当地特有的成本费用，包括各种安保费用和当地政府征费等，这使得征延公司在审核“共同利益账单”时对部分支出无法确认其合理性。

为此，毕马威团队成立了“共同利益账单”清算小组，并调动了毕马威叙利亚办公室的资源，指导企业财务人员高效审核联合作业账单，确保企业利益不受损害。

毕马威专家点评

企业在“一带一路”沿线开展投资项目将会面临诸多会计核算相关挑战。在这个案例中，我们例举了在叙利亚运营的石油企业需要注意的问题，当然，在其他国家和地区运营的其他行业企业可能会遇到不同的问题。

要解决这些问题，企业财务人员需要拥有丰富的海外财务工作经验，深入了解投资地的营商环境、政策和法规体系，只有这样才能够充分预见“一带一路”业务运营在会计合规方面可能遇到的“黑洞”和“陷阱”，在符合监管要求的前提下，实现业务运营利益最大化。

海外人员派遣工作关键点

核心提示

01 人员成本谈判时关注薪酬结构差异和总体水平，避免比较单项薪酬项目

02 全面、深入研究派遣国签证要求和流程，为签证申请预留充足的时间

03 合理安排境内外薪酬发放，最大限度降低外派人员个税成本

04 重视个税合规监管要求，降低税务稽查频率

案例背景

一家中国国有能源企业与某英资企业拟在林国成立合资公司，共同投资建设位于林国的风电项目。在合作中，中方投入资金，持股百分之四十；英方提供项目机会及技术支持，持股百分之六十。

在合资公司中，中、英双方派驻工作人员均为 50 人左右。此外，合资公司还将在当地招聘约 200 名员工。双方外派人员的薪酬福利全部由合资公司承担，大部分来源于中方所投资金。

在这个案例中，中方在员工海外派遣工作中遇到的主要问题包括：

- 在薪酬谈判时，英方对于中方外派员工的某些薪酬项目的合理性提出了质疑；
- 办理工作签证时困难重重：林国对于外国劳动力工作签证数量设置了限额；中方员工初次工作签证申请被拒签；
- 在确定外派员工工资发放方式时遇到难题：中林两地薪酬发放比例应如何确定？在中国及林国需要满足哪些合规要求？
- 应对税务稽查经验不足：如何避免林国税局代扣代缴稽查？遇到稽查时应如何应对？

本案例围绕这些问题，对中国企业“一带一路”项目海外派遣工作的风险点进行了重点提示，并分享了项目成功经验，希望能够为其他计划在“一带一路”沿线开展投资的中国企业提供一些有益的参考和借鉴。

01 人员成本谈判时关注薪酬结构差异和总体水平，避免比较单项薪酬项目

在该项目中，薪酬谈判的一个焦点就是外派人员成本构成。

通常来说，企业外派员工成本包括薪酬、福利 *、签证 **、搬迁 ***、个税、社保等项目。在讨论中方外派员工成本构成时，由于国情不同，英方对于一些薪酬项目提出了质疑。

在中国大型国有企业中，薪酬普遍包含了工龄工资和按月发放的绩效工资等项目。而西方国家的雇员薪酬构成比较简单，主要由级别决定，与绩效相关的奖金则是按年发放。因此，英方谈判代表认为，同一级别员工的标准工资区间应一致，不应再额外发放与工作年限相关的工资；绩效工资应与员工全年工作业绩挂钩，以年终奖的方式发放，英方无法认同每月发放绩效工资的薪酬计划。

针对英方意见，毕马威专家分析了中英文化差异以及双方雇员薪酬福利结构的区别，并指出在英方薪酬结构中，也存在一些中方没有的项目，或是比中方同类项目水平高出许多的项目，比如：

- 大部分境外国家企业虽不会发放工龄工资或月度绩效工资，但通常会给予员工与工龄、业绩挂钩的长期激励，如股票期权等，长期激励虽然在授予时不会以工资薪金的方式体现，但在激励期结束后会构成员工成本的一部分；
- 境外企业员工成本中通常会有比中资企业高许多的企业年金成本以及与家庭有关的福利成本，比如家庭搬迁费用、子女教育补贴等。

---

* 福利项目：包括住房补贴、交通补贴和餐补等。

** 签证成本：包括工作许可、签证等咨询费和申请费等。

*** 搬迁成本：包括往返派驻国机票、临时住宿和物流费用等。

毕马威建议中方企业充分了解这些差异项，在谈判中引导对方关注双方总体薪酬福利成本，而不是简单地将单项薪酬福利项目进行对比。最终，中英双方在充分理解对方薪酬构成并比较总体薪酬成本的基础上，就中方外派人员的薪酬计划达成一致。

在“一带一路”沿线国家和地区建立合资公司时，中国企业应全面了解中外薪酬福利结构的差异并关注总体薪酬成本，这将有助于中方把握谈判方向、消除对方质疑，最大限度地为中方派遣人员争取应得利益。

02 全面、深入研究派遣国签证要求和流程，为签证申请预留充足的时间

外派员工薪酬谈判结束后，项目即将启动，中方公司也开始着手为外派员工申请林国工作签证。

在项目调研及谈判期间，中方人员均是持商务签证入境林国，而林国商务签证申请材料和办理手续较为简单；此外，公司负责办理签证的工作人员曾经为派驻另一个国家的中方人员办理过签证，自认为在这个方面很有经验。因此，在项目启动之初，中方公司并没有充分认识到办理林国工作签证的复杂性和可能遇到的困难，也没有事先了解林国签证政策并给签证工作预留充足的时间。

在项目谈判全部结束后、林国合资公司注册流程开始时，中方工作人员才开始着手为派驻人员办理林国工作签证。这时，工作人员发现林国工作签证申请手续十分繁琐，不仅要求提供学历和技术资格证明，而且签证受每年签证指标、配额比例 *、禁止跨州工作等诸多要求限制，流程周期也较长。因为准备仓促，中方公司在第一次申请签证时因材料不全而遭遇拒签。

毕马威专家为中方公司梳理了办理林国工作签证所需材料及程序，并协助准备第二次签证申请材料。在这个过程中，毕马威专家分析了第一次拒签的原因，并起草了一封致林国移民局的信件，详细解释了第一次申请时材料准备不足的原因并说明第二次递交的申请材料符合林国移民局要求。此后，毕马威专家与林国移民局还进行了多次书面与口头沟通，为中方公司顺利获得签证扫清了障碍。

---

* 林国政府每年制定外国劳工数量配额，在配额限额内向用人单位发放使用外国劳工的许可。

毕马威专家点评

国家不同、签证类型不同，申请签证时需要准备的材料会有很大差异，比如哈萨克斯坦的工作签证要求申请者提供学历和技术资格证明；越南工作签证申请则要求外派人员与越方企业直接签署劳动合同。此外，为保护本国劳动力市场，一些国家制定了签证配额制度，对一定时期内工作签证发放数量做出了限制，如哈萨克斯坦、英国和老挝等。

当中国企业需要为大量外派人员办理工作签证时，应全面了解派驻国家工作签证申请要求和流程，并尽早着手准备申请材料，避免出现因签证申请遇到问题而影响项目进度的情况。

03 合理安排境内外薪酬发放，最大限度降低外派人员个税成本

签证办理完成后，中方人员开始进驻林国。此时，中方在薪酬管理方面遇到了一些问题，主要集中在薪酬发放和员工个人所得税（个税）申报两个方面。

在"一带一路"项目中，中方员工的薪酬通常分为两部分，分别在中国境内和境外两地发放。这是因为绝大多数中方外派员工在国内有日常支出需求，如住房贷款、家人供养等，此外也需要在国内保留持续缴纳个税与社保的记录，以获得购房、购车资格等。在林国项目中，中方外派员工也提出希望能够把薪酬分为两部分，分别在中国和林国两地发放。

在这样的情况下，中方公司面临的问题包括：

- 如何设定境内和境外薪酬发放比例，以最大限度地降低员工在中林两国所承担税负的整体水平？
- 在实际操作中，应如何在中、林两国进行个税及社保的代扣代缴？如何保证社保的合规缴纳？

此外，外派员工个人也会面临一系列复杂的个税申报与抵扣相关问题，比如：

- 外派人员在林国是否有个税报表申报义务？在满足何种条件下无需申报？
- 在林国以外的收入是否需要向林国税务机关申报？
- 在林国发放的薪酬应如何进行中国个人境外所得申报？
- 在林国已缴纳的个税在中国如何进行抵扣？

在本案例中，毕马威专家综合考虑了中林两国个税及税收优惠政策，在对外派员工境内外薪酬发放金额进行税务成本测算的基础上，协助中方公司确定了境内外薪酬发放最佳比例，最大限度地降低了中方外派人员的个税负担。此外，毕马威专家还就两地薪酬发放安排和个税申报制定了实际操作流程，并就流程环节进行了具体说明。

04 重视个税合规监管要求，降低税务稽查频率

林国风电项目开始后，业务进展较为顺利。然而，合资公司对于员工的一项应税福利未在林国进行代扣代缴，这引起了林国税务当局的注意。在核实确实存在该福利项目个税欠缴的情况下，税务机关针对合资公司工资薪金个税代扣代缴情况进行了一次税务稽查。

为协助合资公司做好应对税务稽查的准备工作，并挖掘其他潜在隐患，毕马威专家针对公司个税代扣代缴事项进行了一次模拟稽查。在模拟稽查过程中，毕马威专家协助合资公司梳理了需要提供的文件资料，并对合资公司相关人员就稽查流程和应对策略进行了详细介绍和辅导。

为应对此次稽查行动，合资公司投入了大量人力物力，前后耗时六个多月才结束。在毕马威专家的协助下，合资公司在税务稽查过程中多次与税务机关进行沟通，最终就补税金额达成一致，税务机关也做出了免收罚金的决定。

毕马威专家点评

“一带一路”沿线绝大多数国家对于外资企业的合规监管都较为严格，税局稽查频率较高，出现巨额罚金的情况也比较多。因此，中国企业需要关注“一带一路”沿线国家的个税与社保合规工作。尤其需要注意的是，在有些国家，对薪酬代扣代缴违规的处罚不仅针对企业，同时也会波及到财务主管个人。

做到境外个税与社保的合规不仅能够有效减少代扣代缴稽查发生的概率和频率，为企业节约大量的人力、物力和时间成本，而且有助于降低企业在当地税局的风险评级，为企业在当地的运营创造良好氛围。

『一带一路』投资关键环节

——毕马威经典案例解析

五、税务筹划篇

周密筹划，合理降低「一带一路」EPC项目税务成本

核心提示

01 关注税收优惠政策适用条件

02 合理安排签约主体

03 巧妙筹划 EPC 项目执行方案

04 重视税务证明文件管理工作

征延公司是中国一家全球知名的综合性国际工程承包企业，连续多年被美国《工程新闻纪录》（ENR）评为全球最大的 225 家工程承包商之一，业务覆盖轨道交通、电力、港口和市政等领域。征延公司在香港、新加坡、阿联酋等地设有分支机构，同全球许多国家和地区的企业或机构建立了项目合作或贸易往来关系。

“一带一路”倡议极大地促进了沿线地区基础设施建设与改造升级需求的增长，为中国工程建设企业带来了业务发展良机。征延公司希望借着“一带一路”东风，加快“走出去”步伐，进一步拓展海外市场。

在本案例中，征延公司拟承建位于“一带一路”沿线新兴经济体林纳弗德国的大型燃煤电站项目（T 项目），项目总投资约 2 亿美元。根据规划，征延公司将与当地国有发电公司纳德森在林纳弗德国成立合资公司（T 公司）以建设并运营该项目，延征公司持有 T 公司 80% 股权。同时，征延公司还将作为该项目的 EPC 总承包商承担项目的设计、采购和施工工作，工期预计超过两年。

考虑到项目建设周期长且林纳弗德国税收环境较为复杂，征延公司聘请毕马威税务团队就该项目提供税务咨询服务，以协助征延公司加强税务合规、节约税务成本并降低税务风险。

01 关注税收优惠政策适用条件

林纳弗德国基础设施亟需完善，对建设资金需求较为迫切。毕马威团队以往积累了丰富的林纳弗德国项目经验，对于当地税法十分了解，根据毕马威专家初步判断，征延公司参与该基建项目可以享受林纳弗德国一些基本税收优惠政策；此外，对于投资超过一定金额的重点基建项目，林纳弗德国政府还会提供超越当地税收法规框架的一些特别优惠政策，包括项目使用的进口设备和原材料的关税、进口增值税减免等，而 T 项目投资额符合特别优惠政策要求。

然而，如果在林纳弗德国申请享受税收减免优惠政策，申请人需要满足两个条件：

- 事先在投资协议里详细注明欲申请的优惠待遇，包括税收优惠享受前提、税收优惠主体和具体优惠内容等；
- 协议签署后须经当地财政部门及税务部门批准。

在本案例中，通过与征延公司沟通并详细审阅项目投资协议内容，毕马威团队发现以下问题：

- 税收优惠主体不明确：投资协议没有明确约定进口关税、增值税免税优惠政策的适用主体是仅为业主 T 公司，还是也包括项目 EPC 总包商；
- 投资协议签署后没有获得相关政府部门的批准并进行备案。

根据毕马威团队经验，这两个问题将在很大程度上影响征延公司的 EPC 合同安排、项目税务成本和投资回报。比如，如果协议规定该项目可享受的免税政策仅适用于业主 T 公司，那么作为 EPC 总包商的征延公司（或其关联公司）在进口项目设备和原材料时，就无法享受进口关税和增值税优惠。

在毕马威团队协助下，征延公司与林纳弗德国政府就修改投资协议内容进行了磋商，经过不懈努力，终于争取到在投资协议中增加一条补充条款的结果。该补充条款明确了业主及项目 EPC 承包商均可就该项目所需进口设备及原材料享受进口关税和增值税免税政策。此后，征延公司向当地相关政府部门提交了税收优惠申请和投资协议等文件，最终通过了政府审批。

毕马威专家点评

很多“一带一路”沿线国家都针对基建项目出台了一系列税收优惠政策，比如，在满足一定条件的情况下，孟加拉国对非上市独立燃煤发电企业的发电业务利润将给予 15 年的企业所得税免税期，为建设和运营发电站而进口的设备、零部件等免缴进口关税、进口增值税、预缴贸易增值税等。

一些国家甚至会针对重大基建项目提供只适用于该类项目的特别税收优惠政策，如老挝、柬埔寨等国家都曾经针对一些对当地发展意义重大的大型 PPP* 项目，给予投资者额外税收优惠。通常情况下，投资者享受这些特殊优惠政策需要符合一些特定的监管要求，比如本案例列举的“在协议中明确相关税收优惠政策”“及时按要求向相关部门提交申请并进行备案”等。

在实际工作中，我们看到很多中国企业的投资项目虽然符合当地税收优惠条件，但却因为忽视了文件资料提交和申请流程的一些具体要求而错失享受优惠政策的机会，这是在“一带一路”沿线开展投资的中国企业需要重视的一个问题。

*PPP（Public—Private—Partnership）模式是指为了提供某种公共产品和服务，政府与私人组织之间形成的一种以特许权协议为基础的伙伴式的合作关系，参与方通过签署合同以明确各方的权利和义务并确保合作顺利完成。

02 合理安排签约主体

根据计划，延征公司将作为 EPC 总承包商与 T 公司签订 EPC 合同。然而，基于对林纳弗德国税收制度的了解，毕马威团队认为这样的安排将增加延征公司税负，这主要是因为根据当地税法：

- 如果外资工程承包企业在当地开展项目建设和运营活动 * 超过六个月，那么该外资企业将会在当地形成常设机构，需要在当地进行注册登记并在法律上成为分公司。在缴纳企业所得税时，常设机构 / 分公司适用与本地公司相同的 30% 的税率。而征延公司的情况就符合此项规定。
- 当地企业向境外支付服务费会在当地产生 20% 的服务预提税，但向本国服务商支付服务费则不产生服务预提税。EPC 合同被视为服务合同的一种，因此，T 公司若向征延公司支付 EPC 合同款，需扣缴 20% 服务预提税，这将大幅增加征延公司在本项目中的整体税负。

考虑到这些因素，毕马威团队建议征延公司在林纳弗德国设立法律实体（子公司或分公司）作为总包商与业主 T 公司签订 EPC 合同。在进一步分析了设立子公司和分公司两种选择的利弊后，毕马威专家认为设立子公司在节税方面更具优势，这主要是因为：

- 根据当地税法，分公司的应税收入不仅包括自身经营收入，总公司在林纳弗德国从事与分公司业务相关的活动而取得的收入也可能被税务机关认定为分公司收入，比如境外总公司作为采购分包商获得的采购利润；而子公司（独立法人实体）的应税收入仅包括自身经营取得的收入；

---

* 建设和运营活动包括建筑施工、建设、安装或组装活动，或为施工项目提供监理、协调等服务。

- 在外汇管制方面，林纳弗德国针对外资企业在当地设立的分公司进行了严格限制，比如分公司从境外母公司获得的资金的登记流程更为复杂，证明文件要求也更为严格，总公司与分公司签订贷款、服务协议等行为也会受到更多限制等，这使得林纳弗德国分公司从总公司获得资金时将会遇到一些困难，也难以通过贷款或内部交易等方式向总公司分配利润。而子公司在履行外管程序要求的前提下，可以从境外股东获得贷款、签订内部服务协议，向境外股东分配股息也无须由外管当局批准。

因此，从应税所得、获取资金、分配利润和外汇管理等角度看，设立子公司是一个更为便利的选择。在毕马威团队与征延公司管理层就上述观点进行了深入沟通后，征延公司决定在林纳弗德国设立子公司（Z 公司）作为 T 项目的 EPC 总承包商，与 T 公司签订 EPC 合同。

毕马威专家点评

在大多数“一带一路”沿线国家，不同形式的法律主体（如子公司、分公司和办事处等）适用不同的税收规定，可享受的税收优惠政策也可能存在差异。因此，企业在开展 EPC 项目前，应深入调研项目所在国的税收体系和外汇管理制度，比较子公司、分公司或办事处等不同注册形式的主体适用的税收及外汇政策，选取税务成本较小、税务合规风险较低的方案，合理安排 EPC 合同的签约主体。

03 巧妙筹划 EPC 项目执行方案

根据原计划，EPC 项目协议由征延公司在林纳弗德国的子公司 Z 与业主 T 公司签订，Z 公司为总承包商（方案一）。在研究该方案的过程中，毕马威团队注意到两个可以实现节税的关键点：

- **所得税**：如果由征延公司新加坡子公司开展进出口贸易业务，根据新加坡“全球贸易计划”，贸易业务利润可以享受企业所得税优惠税率 10%（新加坡标准税率为 17%）；
- **增值税**：EPC 合同在林纳弗德国需缴纳 17% 的增值税，若 Z 公司与业主 T 公司签订单一总包 EPC 合同（即不把 EPC 合同进行拆分），则 Z 公司需要就整个 EPC 合同金额的 17% 在林纳弗德国缴纳增值税；如果从 EPC 合同中拆分出采购部分交由第三方与业主签订单独的采购合同，Z 公司只需要就设计与工程建设这两部分缴纳增值税；而采购部分如果选择适合的服务提供商（比如征延新加坡公司），可以实现增值税免缴的节税效果。

考虑到这两个节税点，毕马威团队提出了一个新的 EPC 合同签约方案（方案二，见图 5-1），将 EPC 合同中的采购部分分拆出来，Z 公司只与业主 T 公司签订设计、建设承包合同，而征延新加坡公司作为采购服务商与业主 T 公司单独签订采购合同，由业主 T 公司负责境外采购的进口清关工作。

两个方案的项目税负比较见表格 5-1。

除了税负较轻以外，方案二还具有一个优势：林纳弗德国外汇管制较为严格，EPC 利润若留在林纳弗德国，未来资金出境时将需要经过复杂的申批流程；而新加坡并无外汇管理，因此将采购部分的利润留在新加坡，将有利于未来征延公司调配使用这部分海外资金。

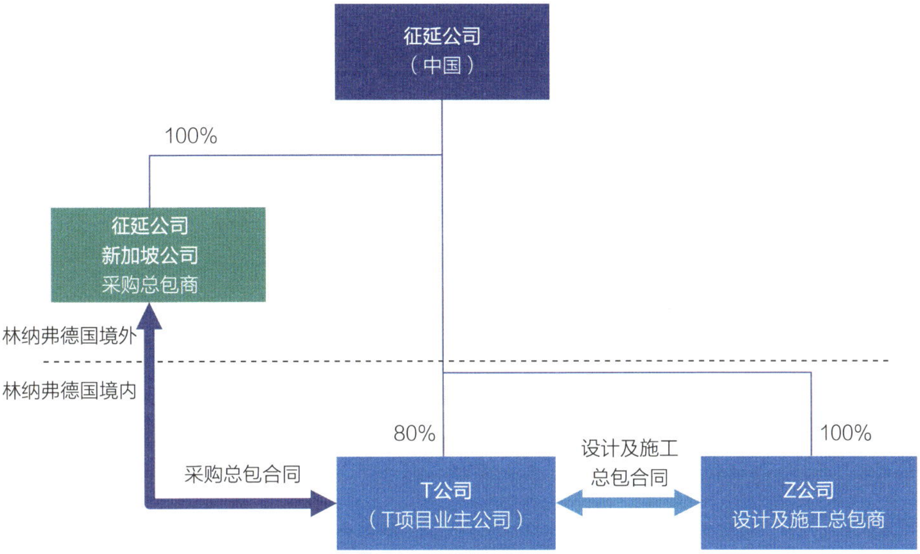

图 5-1　分拆 EPC 合同中的采购部分的项目筹划方案

表格 5-1　两个 EPC 项目筹划方案的税负比较

	所得税			增值税		
	Z 公司：应税利润（适用税率）	征延新加坡公司：应税利润（适用税率）	项目总所得税率	Z 公司：增值税税基（适用税率）	征延新加坡公司：增值税税基（适用税率）	项目总增值税
方案一	EPC 全部利润（税率 30%）	不参与项目	30%	总 EPC 合同金额（税率 17%）	不参与项目	2,550 万美元（假设 EPC 合同金额为 1.5 亿美元，则增值税为 2,550 万美元）
方案二	设计、建设部分利润(税率 30%)	采购部分利润（税率 10%）	18%*	设计、建设部分合同金额（税率 17%）	免税 **	1,020 万美元（假设在 EPC 合同中，设计与建设部分合同金额占 40%，即 6,000 万美元，因此增值税为 1,020 万美元）

---

* 为了便于计算，此处假设采购、设计与工程建设这两部分的合同金额分别占总 EPC 合同金额的 60%、40%，两部分的利润率相同，那么总税率 =（40%*30%+60%*10%）=18%；在实际项目中，采购部分的利润率往往高于设计和工程建设部分。

** 采购总包合同中约定，由业主 T 公司负责进口清关并承担进口增值税，依据林纳弗德国税收优惠政策，T 公司豁免进口关税和增值税，因此 T 公司进口产品无需缴纳林纳弗德国增值税；根据新加坡税法，征延新加坡公司出口产品在新加坡不产生税收成本。

毕马威专家点评

在筹划EPC项目方案前，中国企业应深入调研项目可能涉及的税收及外汇管理制度，并通过合理的合同拆分设计最优EPC项目执行方案。在进行项目筹划时，企业可以考虑由位于不同国家和地区的不同法律实体承担EPC项目中的设计、采购、建设等工作。

在本案例中，方案一将产生较高的税务成本，而方案二则把EPC合同中的采购部分分拆出来并合理安排了进口清关等工作，从而降低了EPC项目的整体税务成本。

但需提醒中国企业注意的是，一些“一带一路”沿线国家的税务当局认为EPC项目是一个整体，其中设计、采购和施工三部分紧密联系、不可分割，因此有些国家税务当局会将EPC合同下的所有境内和境外利润，都视为总包商（或其在当地的常设机构、子公司或分公司）在当地的EPC项目利润，以此作为应纳税收入征收企业所得税。

例如，2017年，印度税务机关不认可中国某大型电气集团将其印度EPC项目合同拆分为离岸和在岸两部分，认为相关活动的执行地无论是在印度境内还是境外，这两部分均与该中国企业在印设立的从事工程监理服务的常设机构业务相关，因此要求该中国企业就EPC合同的利润总额在印缴纳企业所得税。

另一个案例发生在印度尼西亚*。自2011年起，参与印尼某电站EPC项目建设的部分中资企业陆续收到当地税务机关发出的补缴税款通知，要求针对该EPC项目的采购部分补缴所得税并交纳相关罚款。虽然有关企业反复与当地税务机关沟通，并申请启动复议、诉讼程序及两国双边税收协商程序，但均未取得成功。

在这个案件中，印尼税务机关认为EPC合同项下所有进口设备均用于该电站项目，设备采购和交付是承包商EPC合同责任的一部分，因此采购收入应纳入到EPC合同收入中，作为一个整体在印尼缴税。虽然中国税务机关并不认可印尼税务当局的观点，多次提议启动两国税收协商程序但均未被印尼当局所接受。在已判决案件中，中资企业要求采购部分免于征税的诉讼请求均未得到法院支持。

因此，在考虑EPC合同安排并筹划拆分方案前，中国企业应全面了解和分析当地税法规定以及税务机关在实际工作中的政策执行情况，在税务专家的协助下，全面了解可能遇到的税务风险，提前制定应对方案，以确保EPC项目的顺利实施。

---

*《中国企业海外工程项目涉税风险》，国际商务财会，2018年1期

04 重视税务证明文件管理工作

海外 EPC 项目包括设备及原材料采购、进出口清关、劳务分包等多个环节，还可能涉及多个关联交易，在项目执行过程中保留并整理相关合同、票据，对严格履行税务合规义务和享受税收优惠政策十分重要。

林纳弗德国税法规定，纳税人的进项、销项税额均应填入月度增值税申报表中，纳税人应计算当月应交增值税，未完全抵扣的进项税可以结转，也可以申请退税，退税所需时间主要取决于纳税人相关资料是否完备，是否能够及时提供法规要求的科目余额表、发票、进口单证和收款凭据等证明文件。

此外，税务机关还会针对退税申请启动税务稽查程序，以审查纳税人的所有增值税资料是否符合规定。税务机关在认可纳税人的退税申请以后，才会给予退税。因此，中国企业在海外项目中需保留并整理所有项目相关票据，为争取合法税务权益、应对税务机关审查做好前期准备。

EPC 项目、尤其是“投资 +EPC”项目往往涉及多个关联交易，在本案例中，作为业主的 T 公司与采购总包方征延新加坡公司、设计及建设分包商 Z 公司均为关联方，存在跨境关联交易。根据观察，在全球税收监管环境日趋严格及《税基侵蚀与利润转移（Based Erosion and Profit Shifting，“BEPS”）行动计划》出台的大背景下，关联交易安排已成为越来越多国家税务当局进行税务稽查的重点对象。在这样的大环境下，在海外项目中准备转让定价相关文件资料以证明关联交易定价的合理性就显得尤为重要。

『一带一路』机遇下的海关合规风险管理

核心提示

01 “一带一路”沿线国家是发生合规问题的高风险地区

02 充分了解海关规则，积极应对海关商品进口价格质疑

03 使用统一的编码体系，降低关务风险

04 利用“经认证的经营者”计划，充分享受便利通关优惠

案例背景

2013 年 9 月和 10 月，国家主席习近平先后提出共建“丝绸之路经济带”和“21 世纪海上丝绸之路”（简称“一带一路”）的构想，旨在加强沿线国家间的合作，推动区域发展。2017 年 5 月 14 日，“一带一路”国际合作高峰论坛在北京举行，各国政府、国际组织、企业等在政策、设施、贸易、资金、民生等方面达成了一系列合作共识及重要举措。

据估算，“一带一路”沿线国家的经济总量约为 11 万亿 * 美元，且处于高速发展阶段。因此，加深与“一带一路”沿线国家的合作，将有效促进中国产品、设备、技术和劳务的出口，并带动与之相关的工程建设、钢铁、建材、装备制造、运输设备及通信、电子、化工等行业的贸易增长。

据商务部统计，仅 2017 年上半年，中国企业对“一带一路”沿线的 47 个国家进行的非金融类直接投资就达 66.1 亿美元；对外承包工程方面，中国企业在“一带一路”沿线 61 个国家新签对外承包工程项目合同 2,431 份，新签合同额 714.2 亿美元，完成营业额 330.7 亿美元 **。

“一带一路”倡议给中国企业带来了难得的发展机遇，但同时，由于沿线国家政局不稳定，文化存在巨大差异、法律法规不完善等原因，中国企业对外投资也面临着巨大的风险和挑战。

---

* “一带一路”研究与决策支撑平台，http://ydyl.drcnet.com.cn/www/ydyl/，毕马威分析

** 商务部“走出去”公共服务平台，http://fec.mofcom.gov.cn/article/fwydyl/tjsj/201707/20170702615015.shtml

01 “一带一路”沿线国家是发生合规问题的高风险地区

“一带一路”沿线国家多达60余个，其中大多数属于新兴经济体和发展中国家。这些发展中国家除了在法律、税收等方面与中国的治理体系存在较大差异以外，其自身的法律体系也不尽相同，甚至某些方面的规范仍处于缺失状态。

“一带一路”沿线国家进出口环节税负较重，且手续烦琐、清关周期长。据统计，2014年“一带一路”沿线国家平均出口清关周期为22.89天，而进口清关周期则高达25.04天*，交付效率低降低了企业的竞争力。

此外，随着中国经济的快速发展和出口的大幅增长，中国与发展中国家之间的贸易摩擦急剧增加，发展中国家针对中国产品的贸易保护措施也日益加强，如对中国出口产品征收反倾销税等。

除了交付效率低和反倾销税等风险外，在“一带一路”沿线开展投资的企业还面临与海关合规相关的挑战。

* “一带一路”研究与决策支撑平台，http://ydyl.drcnet.com.cn/www/ydyl/，毕马威分析

02 充分了解海关规则，积极应对海关商品进口价格质疑

世界贸易组织（WTO）估价规则是目前世界范围内应用最为广泛的估价规则，它起源于在乌拉圭回合多边贸易谈判中达成的《关于实施1994年关贸总协定第7条的协定》，明确了以“成交价格”为基础来确定完税价格的方法，并形成了一套完善的估价体系。

另外，世界海关组织（WCO）于2015年发布了关于《海关估价和转让定价指南》，明确“转让定价相关方法可以用于审查关联交易中货物的成交价格”*。随后WCO又发布了《依据估价协议条款1.2（a）使用转让定价文档审查关联方交易》的案例研究（《案例研究14.1》）**。

2017年10月底，WCO首次采纳中国海关估价案例，并第二次就转让定价文档在海关估价中的运用发布案例研究，即《根据WTO估价协议条款1.2（a）使用转让定价文档审查关联方交易》（《案例研究14.2》）***。这些都表明海关和主管转让定价的税务当局在关联交易转让定价事项和信息交换等方面展开更为密切的合作，以及转让定价文档在海关估价中具有重要的参考价值。

* 相关分析详见毕马威中国税务快讯第二十期 https://home.kpmg.com/cn/zh/home/insights/2015/08/china-tax-alert-1508-20-guide-enhances-cooperation-between-wco-and-oecd.html

** 相关分析可关注毕马威微信公众号，并参考毕马威观点相关文章 https://mp.weixin.qq.com/s?__biz=MzA4OTExODQyMQ==&mid=2665803516&idx=1&sn=9f99e1d00a6137e70d98944140bee2e8&chksm=8b0f8d46bc780450fc452ed54980d424395c77abd86270e88980cdadf2d8f872b845a49eebda#rd

*** 相关分析可参考毕马威中国税务快讯第二十九期 https://home.kpmg.com/cn/zh/home/insights/2017/11/china-tax-alert-29.html

企业需要了解国际贸易领域有关海关估价的基本规则和最新进展，并在“一带一路”沿线国家和地区开展投资时，注意遵守规则并充分利用规则来保护自己的权益。

案例分析：应对海关针对进口价格的质疑

中国企业 A 在印度设立了子公司 B，B 自母公司 A 进口一批电子产品，但因产品更新换代，无法在当地正常销售；后 B 公司以低于成本价将该批电子产品销售给另一马来西亚客户 C，C 与 B 并无关联关系。马来西亚海关对进口申报价格提出质疑，进口商面临补税、甚至是处罚的风险（见图 5-2）。

当海关就进口价格提出质疑时，企业需要收集和分析交易双方的定价方法以及其他商业安排信息，向监管部门证明其定价的合理性。在本案例中， C 公司主要在以下三个方面向海关进行了情况说明：

- B、C 两家公司为非关联企业；
- B 公司对于 C 公司如何处置或使用该批电子产品无任何限制；
- 因 C 公司日后转售、处置或使用该批电子产品而获得的任何收益或遭受的任何损失，都不会给 B 公司带来任何影响。

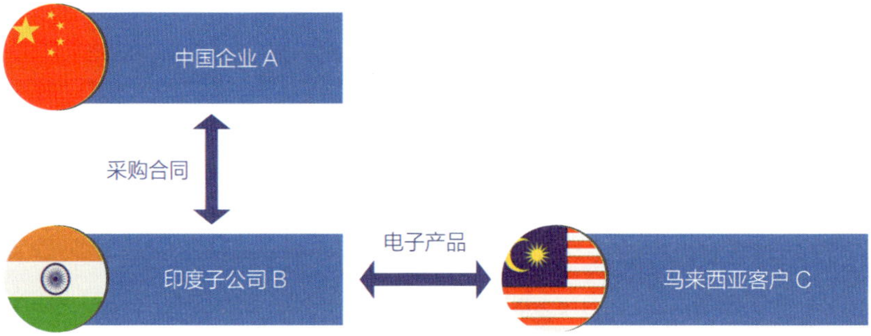

图 5-2　交易示意图

C 公司向海关提供的证明资料以及该批电子产品存在更新换代的事实，成功使海关认定该交易价格符合 WTO 估价协议中关于成交价格的规定，最终使 C 公司避免了额外的关务成本和可能面临的处罚。

此外，在这里我们还特别提醒开展“一带一路”投资的中国企业，各国海关审查进口申报价格是否合理时，还有可能关注的重点问题包括关联交易定价、进口价格构成、特许权使用费、模具费及保修费等对外付汇项目。

03 使用统一的编码体系，降低关务风险

商品名称及编码协调制度（简称“HS”）是目前世界通用的国际贸易商品分类 的“标准语言”。HS 采用六位数编码，把国际贸易商品分为 21 类共 97 章，章以下再分为品目和子目。在此基础上，各国再根据本国的实际情况制定本国编码子目，以中国为例，目前使用的进出口税则编码有十位，第七至第十位为本国子目。

实践中，HS 编码往往直接决定了进出口货物适用的进口关税和出口退税税率和应满足的其他海关监管要求，所以各国海关十分关注进出口货物是否使用了正确的 HS 编码。

案例分析：梳理 HS 编码体系

D 企业是中国一家大型跨国汽车企业，在越南、马来西亚等多个国家设有工厂。企业在内控检查中发现，在由母公司进口汽车零配件时，针对同一物料号，各地子公司向海关申报时所使用的 HS 编码不相同，甚至出现了同一子公司在不同时期使用的 HS 编码也不相同的问题。

为统一管理，降低海关合规遵从风险，毕马威协助 D 公司对企业资源计划（ERP）系统里的所有有效的物料号进行了统一的梳理和审阅，最终确定了唯一的 HS 编码系统供各子公司参考。在此基础上，各子公司结合当地情况，确定了完整的进出口税则号系列，这样既实现了对物料的统一管理，也大大降低了海外子公司在进出口环节的关务风险。

04 利用“经认证的经营者”计划，充分享受便利通关优惠

世界海关组织制定的《全球贸易安全与便利标准框架（SAFE）》的一项核心内容就是推行和发展“经认证的经营者”计划（简称“AEO”），目前，世界海关组织 180 个成员中有 64 个成员已实施各具特色的 AEO 制度*。

在 AEO 制度下，认证企业可以得到当地海关提供的便捷服务，并通过各国海关之间的互认协议来扩大享受通关优惠的范围。

在组织包括服务中介以及进出口企业等相关单位对 AEO 计划进行了充分讨论后，中国海关总署于 2014 年 10 月 14 日公布了新版的《中华人民共和国海关企业信用管理暂行办法》以及配套使用的海关认证企业标准。

此后，中国的海关企业分类管理与AEO制度正式接轨，并明确了海关给予AEO认证企业的优惠便利通关待遇，包括最低的现场查验率，较少的海关稽查频次，认可自由贸易协定（FTA）框架内高级认证企业自行签发的“原产地自主声明”等。

目前，中国海关已经完成了与韩国、新加坡、欧盟、瑞士、新西兰等33个国家（地区）海关签署并实施了AEO互认安排，其中已涵盖13个“一带一路”国家。当前，中国海关正在与俄罗斯、哈萨克斯坦、马来西亚、以色列、土耳其、蒙古等“一带一路”重要节点国家以及美国、日本等重要贸易国家海关开展AEO互认磋商，并力争2020年前全部完成与“一带一路”沿线所有已建立AEO制度国家的互认。

---

*《中欧 AEO 互认 11 月正式实施 助力中国企业“走出去”战略》，中国日报，2015 年 10 月 15 日

开展海外运营的企业在享受 AEO 互认协议所给予的通关便利措施的同时，也需注意到各国海关对其他国家的 AEO 企业的认定存在差别。比如，欧盟将认证的经营者分为三类，其中“安全 AEO 认证企业（AEOS）”和“简化海关手续及安全 AEO 认证企业（AEOC/AEOS）”被中国海关认定为欧盟的 AEO 企业；而中国海关则分一般认证企业和高级认证企业，欧盟海关接受其中的高级认证企业为中国的 AEO 企业。

05 对企业的启发

“一带一路”沿线国家的海关政策和关务风险复杂多样，除文中重点提到的进口价格质疑、统一编码和 AEO 制度外，企业还应关注其他关务问题，包括 FTA 和海关特殊区域优惠政策，出口控制制度，加工贸易及暂时进出口等特殊贸易方式的合规性问题，以及充分享受出口退税政策等。

为应对关务风险，除了提高自身贸易合规水平和加强内控外，企业还需要积极主动了解和充分利用国际贸易规则、各国当地清关政策和各项通关便利措施，减少由交付周期长、效率低下和因交易模式安排欠妥而带来的额外负担，降低处罚风险；在受到海关质疑时，企业需要在相关规则框架下积极举证，捍卫自身权益。

『一带一路』投资关键环节

——毕马威经典案例解析

六、融资与外汇
风险管理篇

『一带一路』项目成功融资关键环节

核心提示

01 综合评估融资需求和贷款条件，多渠道选择潜在融资机构

02 金融机构提前介入商业谈判，确保交易条款满足融资要求

03 积极配合金融机构完成尽职调查等工作，争取最优融资方案

征延公司（买方）为中国某大型地方国有企业，涉及基础设施建设、城市投资、能源、电力、地产等多个行业领域。近年来，电力及清洁能源发电成为征延公司重点发展业务，在国内已完成资产布局并形成一定规模，但海外运营规模仍较小，仅在某发达国家投资过一个装机容量较小的光伏电站，海外运营经验较为有限。

2013 年中国政府提出的“一带一路”倡议为企业在沿线国家开展投资与运营带来了历史性机遇。2015 年，征延公司制定了海外业务发展战略，将“一带一路”沿线国家和地区的电力行业确定为主要投资目标。

格雷德公司（卖方）为境外某资产管理和金融服务集团旗下专注于电力投资的分支机构，在亚洲、欧洲持有众多电力资产。在“一带一路”倡议的推动下，域内国家能源基础设施投资需求出现井喷式增长。为抓住市场机遇、完善全球资源配置，格雷德公司拟引入投资人共同投资、开发和运营位于“一带一路”沿线林纳弗德国的风力发电项目。

经过初步调研，征延公司认为该项目与公司国际化战略目标高度契合，有助于加强公司在清洁能源行业的竞争力，且项目风险可控，最终征延公司决定与格雷德公司就此项目开展合作。鉴于格雷德公司已就该项目成立了项目公司，征延公司计划通过增资扩股的方式参与项目的建设与运营。

考虑到该项目投资额较大，征延公司跨国运营经验不足，而且对“一带一路”沿线金融市场缺乏了解，征延公司决定聘请毕马威服务团队为项目融资工作提供支持。

通过进一步分析，毕马威团队与征延公司明确了该项目面临的主要风险和不确定性因素：

- **电价及项目收益存在不确定性：**根据林纳弗德电力市场信息以及权威机构对于未来电价的预测，毕马威团队认为该国电价面临下调压力；此外，有消息称政府将对现行新能源政策进行调整，通过逐步下调新能源电价补贴，最终由电价补贴机制转化为绿色证书交易机制 *。目前，具体改革举措还在讨论阶段尚未出台。这些因素使得未来林纳弗德电价走势面临较大的不确定性，这会对项目收益带来较大影响；

- **电力销售存在不确定性：**虽然目前项目已获得开发许可证，但接入电网的申请还没有得到批复，关键的购电协议（PPA）也仍在谈判中；

- **竞争对手运营经验丰富：**除征延公司外，格雷德公司还在与其他新能源电站投资商进行接洽。与征延公司相比，这几家潜在竞争对手在海外拥有多个电站资产，项目运营经验丰富；

- **对融资能力要求较高：**在初步商谈中，格雷德公司希望由征延公司负责项目融资且要求较高，包括无追索权 **、低利率、期限长、融资比例 *** 高、资金快速到位等。根据毕马威团队判断，能否以具有竞争力的条件为项目争取到融资将成为格雷德公司选择合作伙伴的决定性因素之一；

- **卖方希望保留对项目的长期控制权，这给中国金融机构贷款审核带来不确定性：**格雷德公司希望征延公司和项目引入的其他战略投资人同意在股权收购协议（SPA）中设置优先购买权 **** 等条款，以实现在未来通过重组或回购等方式对项目进行控股的目标。在这样的情况下，项目控股权有可能发生变化，这将在一定程度上影响中国金融机构的贷款审核决定。

---

* 绿色证书交易机制：指政府对企业的可再生能源发电业务核发绿色交易证书，是政府对发电企业每兆瓦时非水可再生能源上网电量颁发的具有唯一代码标识的电子凭证。绿色交易证书可以在能源企业间买卖，价格由市场竞争决定。在国际市场上，绿色证书交易制度通常是可再生能源配额制的配套政策。

** 无追索权的项目融资：是指以特定项目作为融资对象，以项目未来收益作为还款来源，以项目公司股权、项目相关资产、收益权等的抵押或质押作为担保方式，贷款的还本付息完全依靠项目的经营效益。如果该项目由于种种原因未能建成或经营失败，其资产或收益不足以清偿全部贷款时，贷款银行无权向该项目的借款人或其股东追索。

*** 融资比例：债权融资金额占项目总投资比例。

**** 优先购买权：又称先买权，是指特定人依照法律规定或合同约定，在出卖人向第三人出售标的物时，享有在同等条件下优先于第三人购买的权利。

01 综合评估融资需求和贷款条件，多渠道选择潜在融资机构

此前征延公司开展过的唯一一个海外项目投入较小，资金来源全部为自有资金，因此公司海外项目融资经验不足，仅在香港某银行申请过以港币计价的流动资金贷款。因此，征延公司对于林纳弗德风电项目可选择的融资渠道并不是很了解。然而，多渠道了解并比较各融资机构的贷款条件，可以为制定最优融资方案、降低融资成本打下良好的基础。

在毕马威团队进驻前，由于不熟悉林纳弗德融资市场情况，征延公司还没有与可能提供贷款的境外商业银行进行过接触；虽然曾与中资银行有过联系，但并未深入了解境外融资成本、贷款条件、审批要求、尽职调查及审批周期等情况；此外，由于对主权基金股权融资运作并不了解，征延公司并没有考虑过这一融资渠道。

为初步确定潜在融资机构，在毕马威团队协助下，征延公司主要开展了三方面的工作：准备融资文件、与各类金融机构建立初步联系、分析比较融资方案。

- **准备融资文件：**全套中英文项目融资文件主要包括项目背景情况介绍、项目进展及证照获取情况、公司基本情况介绍（包括经营范围、财务状况、电站运营资质及经验等）、合作方格雷德公司背景及财务经营情况介绍、项目计划时间表、项目经济可行性分析、商务谈判进度计划、SPA 和 PPA 等主要协议文本等。
- **与金融机构建立初步联系：**借助毕马威海外业务网络优势，征延公司与多家林纳弗德当地及境外银行建立了初步联系并进行项目推介。此外，毕马威团队还带领客户拜访了中国政策性银行及大型商业银行的国别及行业负责部门、在该地区开展投资业务的中方主权投资基金以及中国出口信用保险公司（中信保）等金融机构，与业务负责人面对面沟通项目情况，了解金融机构贷款条件及其对项目的整体要求。
- **比较融资方案、初步确定融资方：**在收集了多家金融机构提供的融资意向

函及意向性条件清单后，毕马威协助征延公司综合分析了各金融机构的利率、期限、担保和保险要求等贷款条件以及资金到位情况等因素，根据毕马威估值团队搭建的财务模型，就不同融资条件对项目收益带来的影响进行了初步分析与测算。

经综合比较，各金融机构的基本贷款条件对比如下：

金融机构	融资条件	优势	劣势
当地某商业银行	成本较低，期限长，要求“内保外贷”*，项目公司股权质押，项目收益权质押等	了解当地电力市场及未来行业政策走向	要求“内保外贷”，融资性保函费用将使融资成本上升
某中国政策性银行	成本较低，期限长，要求投保中信保，项目公司股权质押，项目收益权质押等，股东担保	沟通便利，充分认可征延公司国企背景	尽职调查及评审流程耗时较长
某中国商业银行	成本较高、期限较短、要求投保中信保，项目公司股权质押，项目收益权质押等，股东担保	沟通便利，充分认可征延公司国企背景	贷款成本较高
某中国主权投资基金	作为财务投资人，投资期限一般不超过五年，要求优先级受益，退出时要求其他股东回购股权	满足格雷德公司引入战略投资人的需求	需支付较高的优先级收益
在香港发行外币公司债券	成本低，期限短	相对于项目融资，发债资金流向限制相对较小，可用于并购类融资，放大杠杆效应	发债时间点存在不确定性；债权发行期限明显短于项目融资期限，易出现期限错配情况

最终，在综合考虑了项目融资需求和金融机构贷款条件后，毕马威团队协助征延公司初步选定了某中方政策性银行、某中方大型国有商业银行和林纳弗德国某商业银行作为潜在债权融资机构，某主权投资基金作为潜在股权投资人参与项目融资。

* 内保外贷：指境内银行通过开立融资保函或备用信用证的形式，为境内企业在境外注册的附属企业或参股投资的企业提供担保，由境外银行向境外投资企业发放相应贷款。

02 金融机构提前介入商业谈判，确保交易条款满足融资要求

在海外项目融资过程中，很多中国企业不了解不同国家、不同背景的金融机构，对于不同类型项目的交易结构与交易条款有不同的要求。如果金融机构能够提前介入商业谈判，对交易条件进行全面审查，就可以有效避免项目的商业条款、合作模式、执行方案等存在金融机构无法接受的问题或风险，从而为金融机构按照融资时间表要求完成项目尽职调查工作、发放项目资金创造条件。

在本案例交易磋商过程中，征延公司初步选定的融资机构就股权架构、PPA、关键运营条件和政府审批等事项充分发表了意见。毕马威团队从买方、卖方、金融机构等利益相关者角度出发，积极开展交易结构设计、交易文件准备、商业谈判支持等工作，在确保项目融资可行性的前提下，实现了多方利益最大化。

交易结构设计

根据初步沟通结果，征延公司将收购项目 51% 的股权，格雷德公司与其他财务投资人共同持有 49% 的股权。然而，由于格雷德公司看好林纳弗德电力市场未来发展，希望能够在一段时间后持有项目的多数股权，因此要求在 SPA 中设置重组机制，即当某股东（财务投资人或征延公司）退出、其他股东行使回购权利时，格雷德公司拥有优先购买权。在综合考虑了未来境外资产配置需求和林纳弗德市场的潜在风险之后，征延公司同意了格雷德公司提出的要求。

这时，一个潜在的融资机构提出了异议。某中方政策性银行表示，该行对征延公司经营能力、财务状况、偿付能力的认可是其为该项目提供贷款的重要原因之一，如征延公司无法确保在贷款周期内对项目的控股权，该行将无法为项目提供无追索权的融资支持。

经多轮讨论，买卖双方与该政策性银行无法达成一致，在慎重考虑之后，征延公司与格雷德公司最终决定放弃向该政策性银行申请贷款。

最终，该项目交易方案确定为：

- 买方征延公司拥有 51% 股权，其余 49% 股权由原股东格雷德公司及财务投资人——某主权投资基金——持有；
- 项目投入运营三年后，财务投资人退出该项目，格雷德公司将根据 SPA 中设置的重组与回购条款行使回购权和优先购买权，回购财务投资人持有的全部股份；
- 项目后续运营中，格雷德公司可根据 SPA 条款，优先回购征延公司或其他股东（如有）所持股份。

购电协议谈判

当提供无追索权项目融资时，金融机构对各股东无追索权，项目产生的现金流为单一还款来源，因此融资机构对于能够锁定项目现金流的关键协议十分重视。在电力类项目中，此类协议即为购电协议（PPA）。金融机构通常会对 PPA 中的电价、购电方、购电量、期限和担保等关键条款进行严格审核。

根据林纳弗德国现有新能源政策，两年后并网的项目可享受的新能源电价将比两年内并网项目降低 10%。此外，据了解，林纳弗德国新能源政策有可能会进行改革，尽管政策尚未出台，但根据业内专家分析，电价及补贴的进一步下调基本已成定局。本项目潜在购电方为林纳弗德国某国有电力公司，目前签署的 PPA 拟采用固定电价定价机制，林纳弗德国新能源委员会将为该电力公司支付电费提供担保。根据现有政策，如果项目无法于两年内完工并网，所享受电价将下调，且存在无法采用固定电价模式的风险。

考虑到这些情况，融资机构认为项目收入面临较大不确定性。为此，征延公司与格雷德公司根据项目模型测算保底电价，与当地政府、新能源委员会、电力公司、保险机构、金融机构等就电价保证及其他担保等问题进行了多轮磋商，最终采取购买保险、当地政府回购电站资产等措施，建立了金融机构认可的担保机制。

关键建设、运营条件审核和风险应对

在审查项目重要运营条件过程中，金融机构主要针对相关证照、土地协议、设备运输、监管部门审核和汇兑风险应对等问题提出具体建议。

- **环境评价审批、并网协议及接入许可：**尽管该风电项目已获得开发许可，但项目环境评价审批工作尚未完成，并网协议、接入许可等重要证照也仍在办理过程中。金融机构认为这些工作没有完成，将会给项目运营带来较大的不确定性。在了解了上述证照的办理流程及所需时间后，为降低风险，毕马威团队建议在 SPA 中明确上述证照及审批文件将由格雷德公司负责办理，在限定期限前完成上述工作将作为项目交割的前提条件之一。
- **土地租赁协议：**该风电项目运营期限超过 20 年，土地的合规性、产权归属、租赁条件等成为金融机构重点评估内容。本项目拟租赁建设及运营场地 25 年，协议尚在谈判中。为降低项目风险，征延公司及金融机构要求场地租赁协议需经审核，协议的签署也将作为项目交割的前提条件之一。
- **设备运输：**由于风机设备庞大，技术尽职调查报告明确提出，设备运输需充分考虑场地、当地交通基础设施和交通工具是否具备满足大型设备运输的条件。为确保项目进度不会因为设备运输遇到困难而出现拖期的情况，融资机构建议在采购协议中明确由供货方负责将风机运送到指定地点，同时增加拖期赔偿条款。
- **监管部门审核：**自 2014 年跨境担保外汇管理改革以来，“内保外贷”业务呈现较快增长，一些中国企业利用“内保外贷”进行境外融资并开展境外直接投资业务。然而在实际操作中，部分企业将“内保外贷”作为规避对外直接投资审批的手段，导致项目存在合规风险 *。

---

* 《国家外汇局：部分企业利用内保外贷方式规避投资监管》，中宏网，2018 年 1 月 19 日

近年来，随着越来越多中资企业“走出去”，中国对外投资政策进一步细化，境外金融机构和企业对中国监管体系也有了更多了解。在本项目商务谈判过程中，格雷德公司和当地融资机构都明确提出，SPA 中需规定征延公司完成中国监管部门的审批，并将此作为项目交割的前提条件之一，也是该金融机构发放贷款的必要条件。

- **完工担保与运维担保：**由于本项目的 EPC 项目签约方为征延公司的关联公司，为确保项目能够按时完工并投入运营，融资机构要求征延公司为项目完工和运营后两年内的运维提供担保。
- **汇兑风险及套期保值：**在“一带一路”国家开展项目运营时，考虑到项目现金流与借款所使用的货币可能并不一致，投资者需重点关注项目可能产生的汇兑风险。

远期结售汇或外汇掉期 * 等衍生金融工具为常见的汇率风险管理工具。然而，一般金融机构的掉期或套期保值产品期限不超过五年，且成本较高，因此估值和财务模型需充分考虑各类对冲工具对项目收益产生的影响。当汇率波动方向不利于将收入币种折换成美元或欧元汇回国内时，中国企业可选择将现金流在当地进行再投资，待汇率波动方向有利于换汇时，再择机将当地币种换汇并汇出。

在本案例中，考虑到项目周期相对较长、现金流与借款币种不同以及征延公司已制定了在当地进行其他投资的计划，毕马威与当地金融机构联合运用衍生金融工具、再投资等手段，为征延公司设计了完善的汇兑风险应对方案。

---

* 外汇掉期（Foreign Exchange Swap）：交易双方约定以货币 A 交换一定数量的货币 B，并在未来的约定日期以约定价格用货币 B 反向交换同样数量的货币 A。通过掉期业务可按约定的即期汇率和起息日进行人民币和外汇的转换，并按照约定的远期汇率和起息日进行反方向转换，可以起到防范汇率风险和货币保值的作用。

03 积极配合金融机构完成尽职调查等工作，争取最优融资方案

在取得某中国商业银行、当地商业银行及中国主权基金的最终融资条件清单后，毕马威通过尽职调查支持、财务模型测算、贷款协议审核及谈判等工作，协助征延公司与贷款银行及基金签署并落实融资协议，实现了项目的融资关闭。

尽职调查支持

完成贷款审批、签署贷款协议前，征延公司需回应各机构提出的问题清单，全力配合金融机构针对项目协议的审核工作。本项目涉及多家金融和保险机构，在尽职调查过程中，各方围绕财务模型、项目运营、项目经济性和核心协议等关键点提出了多轮问题清单。

为回应问题清单，毕马威团队与征延公司一起深入分析了项目风险因素，涵盖政策、履约、合规、运营、电网接入、电价等领域，提出了合理的风险应对方案。此外，毕马威团队还多次与金融机构沟通，针对财务模型与项目经济性、可行性等问题进行了充分解释，为尽职调查工作的顺利完成扫清了障碍。

因为融资机构已提前介入 SPA 及 PPA 谈判，在这个过程中，融资机构针对两份核心协议的修改意见已全面反映到协议条款中，为本项目关键协议审核与内容调整节约了大量时间。除SPA与PPA外，为判断项目是否存在建设与运营风险，融资机构对于 EPC 总承包协议和运维协议也进行了全面审核，覆盖各运营团队资质与履约能力、EPC 价格、工期、施工计划等内容。

在这里需要提醒中国企业注意的是，国际咨询工程师联合会（FIDIC）编制的《土木工程施工合同条件》具有结构严密、逻辑性和可操作性强等特点，在国际市场上受到广泛认可。因此，无论融资方是中资还是外资银行，毕马威团队都

建议中国企业以 FIDIC 国际合同条款为基础编制 EPC 合同，以减少不必要的沟通环节，缩短审批时间。

测算融资成本，为融资协议谈判提供支持

本项目的融资估算模型主要考虑三大成本因素：债权与股权、"内保外贷"和保险成本。

- **债权与股权：**通常情况下，融资模型仅考虑债权融资对于项目收益产生的影响。但由于本项目拟引入股权投资人，因此模型中的融资成本需包括债权与股权两方面参数。

此外，除债权名义利率及股权投资人享有的优先固定收益外，估算模型还需纳入贷款管理费率、承诺费率 *、贷款期限、提款期、宽限期 **、融资比例、偿债覆盖率 ***、还款准备金账户余额等成本参数。

- **"内保外贷"成本：**在本项目中，由于境外商业银行要求中方通过"内保外贷"模式开立融资性保函，因此财务模型需测算保证金比例、保函费率等与融资性保函相关的成本总额。
- **保险成本：**本项目的保险成本包括金融机构要求投保的建筑工程一切险、财产一切险、综合损失险等商业保险成本；中方银行额外要求投保的、覆盖投资风险中股权与债权部分的政策性险种成本，即中信保海外投资险成本。

---

* 贷款承诺费：指银行对已承诺贷款给借款人、而借款人尚未提款的资金收取的费用。即银行已经与借款人签订了贷款协议，并为此做好资金准备，但借款人并没有实际从银行贷出这笔资金。承诺费是对这笔已经做出承诺但没有贷出的款项所收取的费用。

** 宽限期：贷款发放后，在合同约定的宽限期内，借款人只需每月支付利息，暂不归还贷款本金。待宽限期结束后，对贷款发放金额按合同约定的方式还本付息。

*** 偿债覆盖率：又称偿债备付率，是指项目在借款偿还期内，各年可用于还本付息的资金与当期应还本付息金额的比值。贷款发放后，在合同约定的宽限期内，借款人只需每月支付利息，暂不归还贷款本金。待宽限期结束后，对贷款发放金额按合同约定的方式还本付息。

此外，毕马威团队还对贷款协议中的贷款金额、利率、费率、贷款期限、提款期、宽限期、还款期限和方式、提前还款等条款进行了逐一核实，将有关参数代入财务模型，最终估算了在给定融资条件下的项目收益率。

在融资协议谈判过程中，毕马威专家还提醒征延公司注意“前提条件后置”和适用法律等问题。

- **“前提条件后置”**：通常情况下，金融机构会将签署 SPA、PPA、EPC 和运维等协议作为贷款协议签署的前提条件，也可能将征地完成、EPC 协议生效等条款设置为贷款协议签约、生效或放款条件。在这样的情况下，项目推动进度和银行内部流程有可能使项目放款滞后。为保证贷款资金及时到位，根据以往项目经验，毕马威建议征延公司与银行协商将各类前提条件尽量后置，缩短放款所需时间。

在本案例中，根据金融机构要求，并网协议与部分土地租赁协议的签署将作为贷款协议的签约条件。但考虑到签署并网和土地租赁协议有可能需要较长时间，将使金融机构放款延后，在毕马威团队建议下，征延公司与银行协商，对方最终同意将并网协议与土地协议签署后置为贷款协议生效条件，这样贷款协议的签署就可以提前进行，从而缩短了放款前流程所需时间。

- **适用法律**：在签署贷款协议前，征延公司与法律顾问及融资机构共同探讨了贷款协议适用法律、仲裁地等法律相关问题。最终，考虑到金融机构与借款人适用性等因素，在法律顾问建议下，贷款协议确认使用香港法律。

『一带一路』项目汇率风险管理

核心提示

01 汇率风险已经成为越来越多企业海外投资与运营的痛点

02 以建立与完善管理机制为核心，推动风险管理水平的全面提升

03 设计套期保值方案，对冲敞口并减少财务风险

04 在估值环节充分考虑风险因素价值，为交易报价提供支持

案例背景

征延公司是中国一家从事能源投资和工程装备制造的大型企业，主要业务涉及能源网建设、工程承包、高端制造业等领域。

“一带一路”倡议提出以后，征延公司发挥自身优势，积极参与“一带一路”建设，在中东、欧洲、中亚、东南亚等地区大力拓展海外业务，推动能源网建设、工程承包和装备出口等业务发展，成功投资运营了多个国家的骨干能源网。

随着海外资产规模的逐步扩大，征延公司发现汇率风险已经成为影响运营绩效不可忽视的重要金融风险之一，汇率波动带来了资产保值增值压力加大、投资回报面临缩水、决策难度增加等诸多问题。

为防范汇率风险，征延公司近年来尝试了套期保值、业务避险、创新融资等多种方式，但因为风险管理目标不清晰、管理机制和流程不完善、决策的制定缺乏科学依据等原因，使得风险防范的效果并不理想。

在这样的情况下，征延公司决定借助外脑引入科学管理理念，制定汇率风险管理战略目标以及科学的风险应对策略和实施方案，建立与完善管理机制并形成有效的绩效评价体系，实现从管理机制、方法论和管理工具到实施与考核的全面转变。

最终，毕马威风险管理咨询服务团队凭借成熟的管理工具和丰富的项目实施经验，赢得了为征延公司提供相关服务的机会。

01 汇率风险已经成为越来越多企业海外投资与运营的痛点

当前国际经济环境复杂多变，金融风险日益加剧，尤其是当人民币汇率双向波动的特征越来越明显以后，人民币汇率的弹性显著增强，使得企业海外投资与运营面临的汇率风险形势越来越严峻。

汇率变化受到多方面因素影响，尤其是在短期内受政治事件和经济运行状况的影响较大，因此很难对人民币汇率波动进行准确预测。汇率波动加剧、外债成本变化使政府更加关注资本外流和境外债务风险，对境外投融资的监管趋严。

征延公司遇到的汇率风险管理问题是近年来企业在海外运营中普遍面临的问题。根据毕马威观察，不少中国企业尚未树立科学的汇率风险管理理念，在粗放型的管理方式下，企业通常采用两种方式应对汇率风险：

- **被动承担风险或试图通过预测市场走势赚取额外收益。**由于汇率波动加剧，海外业务的币种错配使得投资的综合收益率持续恶化甚至为负。此外，由于企业缺少管理交易外汇风险经验，对赌型交易策略容易滋生交易舞弊事件，可能试图通过财务造假或是虚假交易掩盖策略失误；
- **利用金融衍生品进行套期保值。**一方面，由于缺少科学依据，套期保值往往面临成本高和策略设计不合理等问题，使得套保效果并不理想；另一方面，虽然一些企业通过套期保值降低了实质性汇率风险，但却未建立起配套的套期会计核算体系，导致利润波动较大，财务风险升高。

完整的汇率风险管理体系包括基础交易、对冲交易、套期管理和套期会计四个有机组成部分（见图 6-1）。

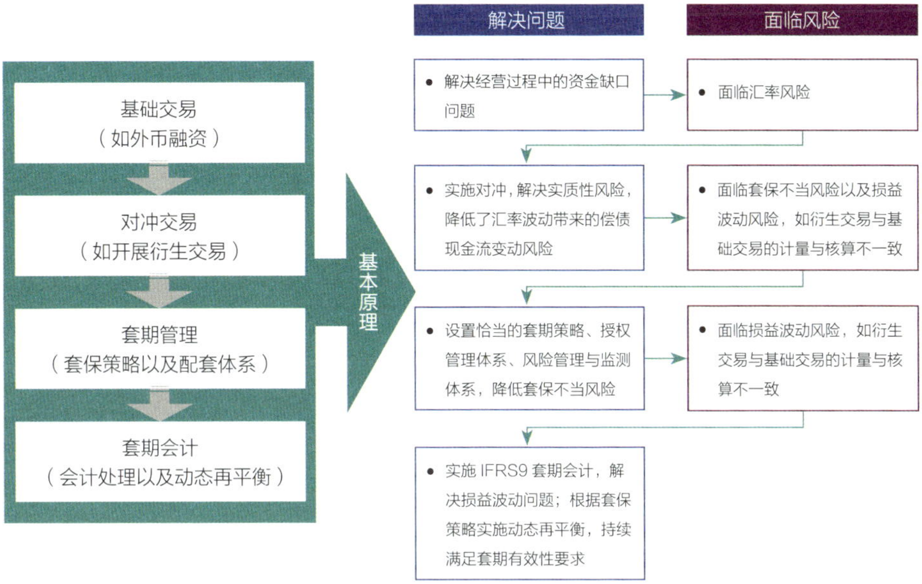

图 6-1　汇率风险管理体系

企业逐渐认识到汇率风险管理工作的必要性和紧迫性，需要通过建立、完善汇率风险管理机制和体系，实现汇率风险管理工作的标准化和系统化，从而促进境外资产保值增值，保障资产安全。

02 以建立与完善管理机制为核心，推动风险管理水平的全面提升

在毕马威团队协助下，征延公司制定了汇率风险管理目标，即充分识别、准确计量、持续监测和适当控制，在合理的汇率风险水平之下实现安全、稳健经营；通过健全机制、完善制度、优化流程，建立工具、模型和方法论体系（见图6-2），推动汇率风险管理能力和绩效的全面提升。

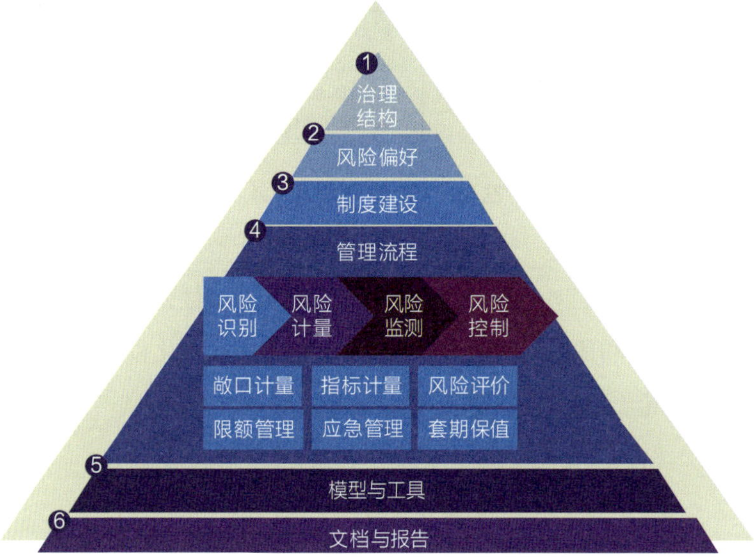

图6-2 毕马威风险管理体系

在本案例中，毕马威团队着重在以下三个方面为征延公司建立与完善汇率风险管理体系提供了支持。

将汇率风险嵌入企业全面风险管理体系和业务流程中，实现汇率风险管理的常态化和规范化

- **治理架构设计：**在设计治理架构时，充分考虑外部监管要求、征延公司现状和风险管控模式，自上而下建立了“党组办公会——风险管理委员会——职能部门”三层架构。在决策层实施严格监督的前提下，强调业务部门与风险管理部门的协调，通过优化并清晰界定业务部门、风险管理部门和内审部门的职责边界，建立风险管理的三道防线；
- **工作流程优化：**建立风险识别、风险评估、风险计量、风险管控、风险报告、应急管理和风险后评价的闭环管理流程，实现汇率风险管理的常态化和规范化，避免出现“一事一议”、二次决策的情况；
- **明确风险偏好和管理原则：**树立汇率风险战略管理目标，明确汇率风险管理原则；针对套期保值，明确套保的比例、工具、成本和期限要求，为套期保值工作提供指导和决策依据。

建立风险评估方法体系，为动态和差异化的风险管理决策提供科学依据

- **宏观风险评价：**选择关键指标构建宏观风险评价决策树（见图 6-3），在宏观层面对投资国家或地区汇率风险水平进行全面评估；
- **微观风险评价：**引入敞口计量、敏感度分析和风险价值 *（VaR）分析等风险管理工具，量化公司整体和单个项目的汇率风险水平，前瞻性地预测风险，提前做好风险应对预案。

---

* 风险价值：Value at Risk，简写为 VaR

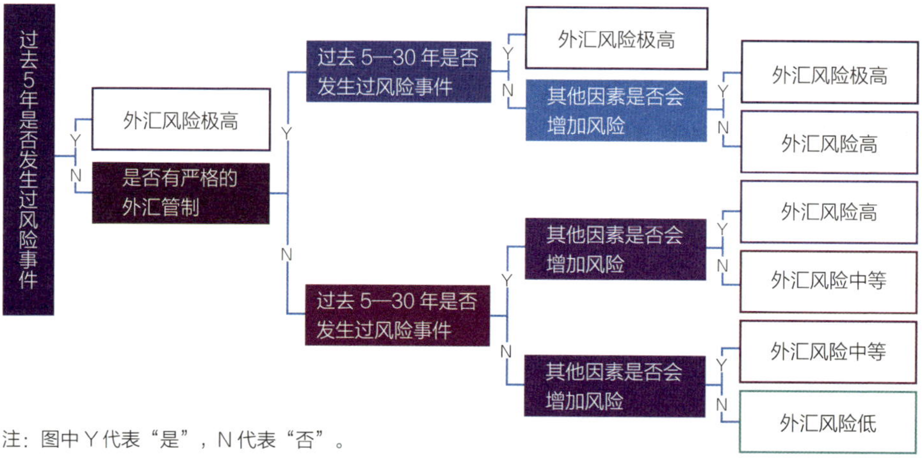

注：图中Y代表“是”，N代表“否”。

图6-3　宏观风险评价决策树

制定风险管控预案，灵活选择避险工具

- **业务避险方案**：通过选择合适的交易币种、外币收支自然对冲、巧妙设计融资方案等方式降低外汇风险敞口，合理规避汇率风险；
- **套期保值方案**：根据货币属性、现金流特征采取差异化的套期保值策略，包括滚动套保、分层套保等；通过建立套期会计核算体系，消除会计错配风险。

03 设计套期保值方案，对冲敞口并减少财务风险

设计套期保值方案应以准确识别风险和测算风险敞口为基础。在本案例中，毕马威协助征延公司开展了外汇敞口的识别和测算工作，并根据分析测算结果设计了套期保值方案。

套保方案设计主要分为三个阶段：

第一阶段：风险敞口识别和量化分析

在项目初期，毕马威协助征延公司梳理了外币业务，发现外汇风险敞口主要源于投融资活动产生的现金流错配。

投资活动产生的现金流具有金额较大、不确定性较高的特点，主要表现为：

1）投资交割金额大、交割时点存在不确定性且时间窗口较短；

2）项目分红或资金回流时间和金额存在较大的不确定性。

由于海外融资主动管理空间较大，因此融资活动产生的现金流确定性比较高。

在对外币现金流进行梳理的基础上，毕马威团队协助征延公司对未来不同时间窗口、各币种的外币现金流风险敞口进行了测算。

第二阶段：套期保值方案的设计和执行

根据征延公司套期保值策略，毕马威通过分析各项业务收支的现金流缺口以及货币缺口，建立了套保现金流模型，并辅助征延公司设计最优的融资方案和套保工具以及相应的套期保值方案。

在这个方案中需关注两个重点：

- **滚动套保**：由于投资活动的现金流存在较大不确定性，毕马威提出通过采用滚动套保的策略锁定年度平均价格；

- **外币融资**：选择在流动性较好、融资成本较低的市场进行融资，同时利用交叉货币利率掉期工具或者组合期权等衍生工具，管理外汇风险。

第三阶段：套期有效性评估和套期会计体系的实施

为了确保套期保值效果，企业需要通过回归分析、多情景下的有效性比率分析等方式测算套保有效性，适时调整套期保值策略。

此外，毕马威团队还协助征延公司制定了套期会计实施框架，通过套期关系的指定和套期会计核算，消除会计错配，减少利润表波动。

在本案例中，征延公司融资时选择了美元借款，同时通过交叉货币利率掉期将美元借款置换为澳元，用于在澳大利亚项目的投资。此外，征延公司还将交叉货币利率掉期和美元借款组合指定为套期工具，对冲澳大利亚项目投资的汇率风险。

套期保值实现了经济意义上的风险对冲，但由于被套期项目和套期工具的会计核算方式不匹配，汇率变化有可能会影响财务报表结果。套期会计可以在财务报表上准确反映风险管理活动的效果，减少会计错配引起的损益波动。在本案例中，毕马威团队协助征延公司实施套期会计核算，消除了澳元兑人民币汇率波动带来的并表层面外币报表折算差额影响。

具体来说，本案例中征延公司从银行 B 借入 12 亿美元，利率为 2.8%；同时与银行 B 签订交叉货币利率掉期，将 12 亿美元转换为 16.5 亿澳元，用于澳大利亚公司投资。在贷款期间内，征延公司通过交叉货币利率掉期支付 3.2% 的澳元利率，收取 2.8% 美元利率，将澳大利亚公司澳元分红收入与贷款美元利息支付匹配。在贷款到期时，征延公司通过交叉货币利率掉期购入 12 亿美元，用于偿还贷款本金（见图 6-4）。

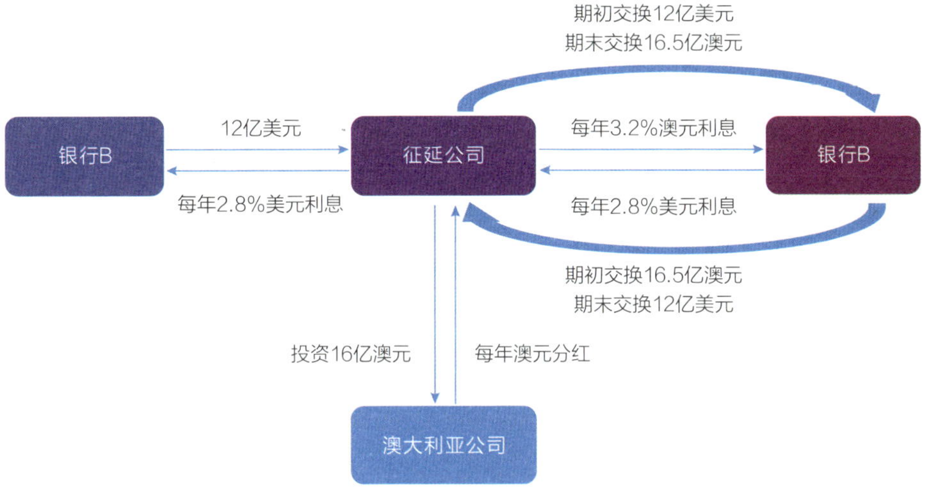

图 6-4　套期保值方案示意图

04 在估值环节充分考虑风险因素价值，为交易报价提供支持

在项目中，毕马威团队协助征延公司将风险成本和套期保值成本嵌入到项目报价和收益回报测算中，以准确反映项目价值。

举例说明：

征延公司拟在某东南亚国家开展海外工程承包和运营项目，工程造价投入、原材料采购和借款还本付息主要以美元和人民币结算，后续运营期间收入主要以当地货币——印尼卢比（IDR）——计价。对于东南亚的海外工程公司而言，美元和人民币现金流会形成外汇敞口。由于项目周期长达 50 年且项目金额较大，可以预见，汇率波动将会对项目整体回报带来较大影响。

针对这样的情况，毕马威协助征延公司测算了项目建设期和运营期各币种现金流，得到各期间现金流缺口；通过情景分析、敏感度分析等工具量化汇率风险，以此为基础设计套期保值方案，测算套期保值成本。

根据估算的建设期和运营期人民币净现金流情况（见图 6-5），海外工程公

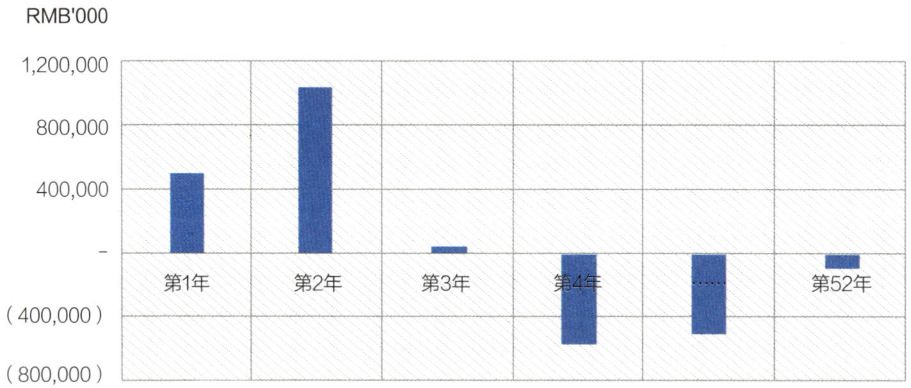

图 6-5　风险敞口测算示意图

司决定使用外汇远期套保 25% 的人民币敞口。根据远期汇率预测，在估值模型中测算不同期限套保的成本，使用模型估值汇率将其转换为美元嵌入财务估值模型中（见表格 6-1）。

表格 6-1 风险敞口测算表格

	第 1 年	第 2 年	第 3 年	第 4 年	……	第 52 年
外汇敞口 RMB	527,380	1,092,099	53,164	（581,298）	（516,716）	（86,745）
套期比率	25%	25%	25%	25%	25%	25%
套期敞口 RMB	131,845	273,025	13,291	（145,324）	（129,179）	（21,686）
套期工具方向	卖出人民币	卖出人民币	卖出人民币	卖出人民币	卖出人民币	卖出人民币
套期合约汇率 IDR*/RMB	1942.67	2085.54	2110.14	2159.60	2218.84	6467.18
交割日按合约汇率转换为记账本位币的金额 RMB	(256,131,246)	(569,402,585)	（28,045,855）	313,843,105	286,626,941	140,249,601
估值模型汇率 USD/IDR	13,300	13,300	13,300	13,300	13,300	13,300
套期成本 USD	（19,258）	（42,812）	（2,109）	23,597	21,551	10,545

* 注：IDR 代表“印尼卢比”。

在项目中，图 6-4 和表格 6-1 所示的分析结果帮助征延公司在投前环节充分评估汇率风险影响，更准确地估算项目收益回报，为制定合理的项目报价策略提供了科学依据。

『一带一路』投资关键环节

——毕马威经典案例解析

七、毕马威“一带一路”前哨观察系列

『一带一路』助力全球经济复苏*

* 本文摘自 2018 年 3 月 8 日《金融时报》记者专访江立勤先生的报道《“一带一路”助力全球经济复苏》。江立勤是毕马威中国“一带一路”工作组主管合伙人、毕马威中国北方区咨询业务主管合伙人。

2018年3月5日，十三届全国人大一次会议在北京开幕，国务院总理李克强作政府工作报告。在报告中，李克强总理多次提到“一带一路”关键词，也对五年来“一带一路”建设取得的成绩进行了总结。政府工作报告指出，推进“一带一路”国际合作。坚持共商、共建、共享，落实“一带一路”国际合作高峰论坛成果。推动国际大通道建设，深化沿线大通关合作。扩大国际产能合作，带动中国制造和中国服务走出去。优化对外投资结构。

“一带一路”激发世界各国经济活力

全球基础设施网络的互联互通将极大地激发世界各国的经济活力，促进贸易增长，使跨境投资更为活跃。对于全球其他国家来说，随着“一带一路”倡议的逐步落实，沿线国家的基础设施发展水平得到提高，投资环境日益完善，经济发展也出现了一些新的增长点和新的动力来源。而域外国家也对“一带一路”倡议进行了积极的回应。

比如，受中国“一带一路”倡议的鼓舞，芬兰和挪威正加快商谈修建“北极走廊”。通过这个走廊，来自亚洲的商品可以通过芬兰的铁路运输，经隧道到爱沙尼亚，再抵达中欧。目前相关国家政府已就这两个项目开展可行性研究报告。

“一带一路”是一个开放的平台，世界各国企业都可以通过这个平台寻找到合适的发展机遇。“一带一路”倡议不仅为中资企业带来了发展机遇，同时也为世界各国的企业提供了一个大展拳脚的舞台，很多跨国公司已经把“一带一路”倡议视为一个业务拓展的良机。一方面，跨国企业可以通过和中国企业携手开展“一带一路”项目，进入新市场，扩大业务规模。比如，一些全球领先的电子电气和工程设备提供商已经在多个“一带一路”沿线的EPC项目中与中国企业开展合作，提供技术和服务支持；另一方面，在“一带一路”倡议下，域内国家基础设施和公共服务水平提高，投资环境得到改善，政府支出和消费者收入增加，这都为跨国公司在当地开展投资和运营提供了便利条件。一些跨国公司已经制定了“一带一路”业务中、长期发展规划，预计未来还将会有更多跨国公司加大“一带一路”业务投入，在这个新的蓝海市场中赢得先机。

“一带一路”助力中国企业“出海”

中国的改革开放已经进行了四十年，与四十年前相比，中国企业的实力有了很大的提升，一些企业面临发展瓶颈，比如市场饱和、劳动力成本上涨、资源紧张等，因此，企业有了在全球范围内优化资源配置的需求。

“一带一路”倡议为中国企业海外运营提供了广阔的市场空间、服务空间和投资空间。这个从商务部的统计数据就可以看出来，比如，2017 年，中国对“一带一路”沿线国家进出口总额比上年增长 17.8%，增速高于全国外贸增速 3.6 个百分点。“一带一路”框架下，一些重大项目的落实，比如中泰铁路、中国—白俄罗斯工业园等等，极大地推动了中国基建、制造业等产业在相关地区的发展。

“一带一路”倡议也是中国企业加速实施转型升级的动力。“一带一路”倡议为中国企业提供了众多与跨国公司合作的机会。跨国公司拥有先进、成熟的海外项目运营管理经验和全球化的信息和资源网络，中国企业可以充分利用合作的机会与跨国公司进行对标，利用跨国公司的优势弥补短板，实现转型，向产业链的高端进发。此外，中国企业在“一带一路”沿线市场面临激烈的竞争，这也将迫使中国企业加速实施产业转型、提质增效，增加产品和服务的附加值，实现全产业链输出、绿色价值链输出等，并在这个过程中逐步提升中国企业品牌形象。

“一带一路”倡议也为中小企业提供了开拓海外市场的机遇。中国有一些中小企业，尤其是中小型民营企业在某些细分领域内具有较强的竞争力，中小企业参与“一带一路”建设的途径可以包括与大企业、其他中小企业“抱团出海”，承担大型项目的一部分，或是积极参与到“一带一路”园区建设中来，完善园区的产业链分工与布局。

“一带一路”促进产能合作

“一带一路”倡议将促进国际产能合作，推动中国制造和中国服务“走出去”。构建中国企业海外运营生态系统，可以使中国企业在“一带一路”沿线的产业链分工和布局更为完整、产业配套能力得到提升，这也为中国企业在当地开展产能合作赢得了先机。

海外运营生态系统可以以大企业集团为中心，与大企业有密切业务关系的中小企业追随大企业的脚步走向海外。大企业会为中小企业提供投资信息、技术和资金支持。这样就形成了以大企业为主体、大中小企业结合的海外运营生态系统。在海外生产和运营过程中，这些企业相互依存、相互促进，共同构建了中国企业在海外市场的竞争优势。

在促进中小企业开展“一带一路”业务运营方面，政府可以考虑采取的措施包括：其一，搭建“一带一路”信息服务平台。通过建立信息平台和举办各类活动，使中小企业能够及时了解“一带一路”相关政策和政府间双多边协议的最新进展，沿线各国建设规划和项目进展情况，投资地投资环境信息和风险提示，并为项目参与者提供项目推介和对接平台；其二，提供个性化的金融、咨询和培训服务。为中小企业提供个性化的金融和咨询服务，将企业需求与金融机构、中介和培训服务机构对接，为企业顺利开展“一带一路”服务保驾护航；其三，制定与实施促进投资的相关鼓励政策。了解企业开展“一带一路”投资时遇到的问题，探索、创新鼓励中小企业开展“一带一路”项目投资的配套扶持政策，包括融资支持、高新技术企业税收优惠、简化审批流程等，与投资地国监管部门联合探讨投资便利化措施，如跨境资金的自由流动、社保权益互认等。

“一带一路”是一个开放包容、互利共赢的平台，坚持共商、共建、共享的原则，这是“一带一路”倡议在世界范围内得到积极的支持和响应，并得以顺利开展和落实的基础。未来，在政府（改善投资环境、促进经济发展）、企业（开拓海外市场、获得丰厚回报）和民众（收入增加、生活便利、民生更有保障）三方都能获益的情况下，“一带一路”倡议必将取得成功。

『一带一路』建设促进第三方市场合作*

毕马威全球中国业务
KPMG Global China Practice

* 本文摘自毕马威全球中国业务发展中心《展望中国 2018——开启新时代、引领全球化》报告，2018 年 3 月。报告全文详见 https://home.kpmg/cn/zh/home/insights/2018/03/china-outlook-2018.html

中国倡导的“一带一路”建设，秉承共商、共建、共享的基本原则，兼顾各方利益和关切，寻求利益契合点和合作的最大公约数，体现各方智慧和创意，各施所长、各尽所能，把各方优势和潜力充分发挥出来*。

中国企业与外国企业在第三国市场的合作，正是发挥各方优势、挖掘协同效应、实现 1+1+1 > 3 成果的重要途径。这种合作也将成为新型全球化模式下中国对外投资的一种重要形式，中国企业与发达国家企业应积极开展合作，利用中企的资金和产能优势，结合发达国家企业在技术和设备方面的优势，为国际市场尤其是发展中国家市场提供科技含量和性价比较高的产品和服务。

“一带一路”建设开启第三国市场合作潜力

“一带一路”所提倡和践行的新型全球化的核心是全球产业链嬗变和贸易投资调整，这必将导致产业的转移并催生相关的跨境投资活动。然而，不同于上一轮全球化带来的产业转移格局（即美国向日本转移、美日向亚洲四小龙国家转移以及美日与亚洲四小龙国家向中国转移），由于世界工业化国家的数量较之前显著增加，以及中国积极倡导“一带一路”和新型全球化，在此次新一轮产业转移中，可能将出现多个国家共同在一国的工业化进程中发挥重要作用的情况，这为多个国家在第三国市场进行合作提供了基础。

与此同时，中国难以依靠一己之力在国际范围内推进“一带一路”建设，倡议的实施需要更多国家的参与和帮助，并实现互利共赢，这也为中国与其他国家在第三国市场合作提供了重要机遇。而金融危机之后，由于全球市场收缩，发达国家和

---

*《推动共建丝绸之路经济带和 21 世纪海上丝绸之路的愿景与行动》，中国国家发展改革委、外交部、商务部，2015 年 3 月

新兴市场国家的经济增长明显减速，亟须开辟新的市场空间，以尽快恢复经济增长的弹性和动能。在此背景下，中国政府已经开始和英国、法国、德国与韩国等国家探讨第三国市场合作的领域与模式（见表格 7-1）。随着新型全球化的持续演进和"一带一路"建设深入实施，中外企业在第三国市场合作的空间也将不断拓宽。

表格 7-1 中国和主要国家已签订的第三国市场合作相关协议和协定内容

国家	相关协议和协定	第三国合作领域与模式
中英	《关于促进非洲投资和出口合作备忘录》以及双方领导人会晤签订的各项备忘录	推进"非洲投资与增长的合作伙伴"项目，在非洲进行中英非三方产业合作；在"一带一路"沿线国家开展联合投资、联合研究、联合培训等合作。
中法	《中华人民共和国政府和法兰西共和国政府关于第三方市场合作的联合声明》	推动两国在基础设施和能源、民用航空器、交通基础设施、农业、卫生医药、应对气候变化等领域的第三国合作；通过发挥两国专业技能开展联合项目，推动有关国家和地区工业园区创造附加值；金融和保险行业可为两国企业在第三国开展合作提供便利。
中德	《第四轮中德政府磋商联合声明》	在阿富汗开展矿业人才培训、加强防灾救灾部门人道能力建设；在基础设施、能源、交通、环保、农业、卫生等领域开展第三方合作项目；促进中国与欧盟在"一带一路"和亚欧运输通道建设领域的合作；支持中车集团和德国西门子集团在高铁领域开展第三国市场合作；支持中国铁路总公司和德国铁路股份公司在中欧班列、高铁运营维护和开拓第三方市场方面加强战略合作。
中韩	《中韩共同开拓第三方市场开展国际产能合作备忘录》	在创新、智能制造、高端技术研发等方面开展第三方市场合作。

资料来源：公开资料、毕马威分析，截至 2018 年 3 月。

中外企业将在多个领域开展第三国市场合作

从"一带一路"分阶段建设的情况来看，中外企业近期在第三国市场的合作应将基础设施建设和产能合作作为重点，通过设立基金、共建园区、成立合资企业和开展合作项目等形式进行。此外，中外企业还可以在资源开采、现代农业、高技术制造和现代服务等领域开展广泛合作，形成多层次 *、多模式的产业合作格局（见表格 7-2）。

表格 7-2　中外企业开展第三国市场合作的主要领域、目标国家及基本模式

主要领域	中方企业优势	外方企业优势
基础设施	建设能力与经验，主权资金和基金	基础设施技术，市场融资能力，基础设施运营经验与管理能力
资源开采	开采能力，国内需求规模大	绿色开采技术，国际议价与定价能力
现代农业	农业生产经验，农业技术人才	现代农业生物技术，市场融资能力
加工制造	产能转移能力，生产经验与能力	现代工业技术如自动化，高效率生产
高技术制造	制造生产能力	先进技术，研发能力
生态	主权资金和基金，国内正在推动绿色产业发展	绿色技术，资本运作能力
商贸物流	物流园区建设能力	物流运营经验和能力
金融	人民币国际化，主权资金和基金	资本运作能力，市场金融运营能力和经验
其他服务业	服务设施建设能力，服务技术人才，主权资金和基金	资本运作能力，服务提供能力，运营能力和经验

资料来源：公开资料、毕马威分析，截至 2018 年 3 月。
注：主权资金主要代表国有企业资金和开发性资金等，主权基金主要指中投公司等主权财富基金；其他服务业包括文化、教育、医疗、养老和旅游等。

“一带一路”倡议是重要的国际合作平台和重要的国际公共产品，由中国提出，但属于世界。因此，“一带一路”倡议是开放包容的倡议，欢迎所有志同道合的国家积极参与。在这样的背景下，中外企业开展第三国市场合作的目的地不仅仅局限于“一带一路”沿线的新兴市场和发展中国家，还将包括发达国家，例如有基础设

* “多层次”合作在这里主要指政府、企业、机构等主体之间的交叉合作。

施改善需求的西欧和北美等国家。中国企业应基于现实合作条件和目的国需求，与外国企业一起开展大范围、多层次、多模式的第三国市场合作。

第三国市场合作是未来中国对外投资发展的重要方式和方向。外国企业也需要秉持合作的理念，与中国企业共同参与“一带一路”建设，通过第三国市场合作实现互利共赢。

中外企业需管控第三国市场投资和经营风险

第三国市场合作是新兴的国际合作模式，也是中国通过实施“一带一路”从而推动的新型全球化模式的一个重要特征，为中外企业提供了前所未有的战略机遇。然而，由于合作发生在合作双方相对不太熟悉的第三国市场，这种新模式仍然面临着诸多挑战和风险。因此，中外企业进入第三国市场时需要重点关注以下三点：

- **关注第三国市场的政治和政策风险：**由于中国政府已与众多“一带一路”沿线国家政府签订了备忘录或相关投资协议，外国企业可以考虑与中国企业合作开展投资，以规避和减少因当地政治动荡和政策调整而产生的风险。
- **尊重第三国市场的风俗习惯：**中外企业在第三国市场需要与当地企业积极合作，例如成立合资公司、雇佣当地的高管人员等，以促进合作的本土化。这样不仅有利于中外企业熟悉当地投资环境和法律法规，还可以避免因风俗习惯不同而带来的企业经营风险。
- **关注要素资源保障面临的风险，如人才、资金、技术、基础设施等产业核心要素供应短缺等问题：**中外企业应通过促成国家政府之间开展基础设施合作、人才培训合作、协同推进研发以及拓展融资渠道等方式来降低要素资源保障面临的风险。

在未来一段时间，中外投资者应把握住十九大“新发展理念”下，中国经济新周期和新型全球化逐步开启的战略机遇，调整意识、优化布局，不断扩展海外投资和对华投资的广度和深度，分享中国经济新一轮繁荣周期和新型全球化带来的红利，同时也为全球和中国经济保持健康稳定发展奠定坚实的基础。

开展『一带一路』投资需要抓住四个基本点*

* 本文改写自 2018 年 3 月 9 日和讯网专访江立勤先生的报道《毕马威江立勤：民企可与国企抱团出海减少对外盲目投资》

在“一带一路”倡议下，中国企业“走出去”步伐加快，但也出现了一些问题。在毕马威“一带一路”工作组主管合伙人、毕马威中国北方区咨询业务主管合伙人江立勤先生看来，企业开展“一带一路”投资应抓住四个基本点。

基本点一：在公司整体战略框架下，制定“一带一路”业务战略，明确“一带一路”业务应围绕公司整体战略目标展开。

在一些对外投资案例中，有的企业为了“走出去”而“走出去”，抱有“别人都出去了，我也要出去”的从众心理；有的企业被海外低价资产所吸引，盲目投资；有的企业脱离其国内主业，跨行业进入到一些政策风险大、投资回报率不稳定、周期较长的市场和行业。

对此，江立勤先生认为，对外投资战略和“一带一路”业务战略是公司整体战略的组成部分，需要支持公司整体战略目标的实现。公司应明确海外业务运营在公司整体业务架构中扮演的角色，以及同公司其他业务能够产生的协同效应。

在清晰的对外投资业务战略指引下，企业的投资行为将更趋理性，筛选投资地和目标资产的范围也将大大缩小。比如在公司战略指引下，某软件服务业企业的海外投资主要是围绕三个目标来开展：加强服务能力、获得人才和客户资源。

基本点二：采取灵活开放的态度选择最合适的投资方式，筛选投资对象时需评估协同效应和投后整合难度。

在选择投资方式时，企业可以采取灵活开放的态度，根据项目具体情况选择合适的方式，包括与当地伙伴开展合作，不强求控制权，引入财务投资者，或与其他中国企业“抱团出海”，这将大大减少海外投资项目的风险，丰富企业投资经验，提高项目的成功率。

在选择投资对象时，注重挖掘协同效应的来源和评估投后整合难度，是需要提醒中国企业重视的两个方面。

基本点三：多管齐下，防范风险，有时候放弃交易也是一种选择。

大多数“一带一路”沿线国家经济欠发达、产业基础薄弱，监管不规范、不透明，政治环境不稳定，这些都给中国企业的运营带来较大风险。

为更好地防范风险，中国企业应建立全方位的风险管理体系，在可行性分析和尽职调查阶段加大投入，其他可考虑的措施包括积极采用政策性信用保险产品，寻求富有经验的中介机构的支持，借助国际多边组织管控海外投资风险等。

在交易谈判、协议签署时，要把风险防范措施和补偿条件充分体现在条款中，如果无法与对方达成一致，则要充分评估风险可能带来的危害，并为之做好预案，或者放弃交易。

基本点四：善于利用各项有利因素，充分享受国家优惠政策。

从政策上来看，2017 年，税务总局出台文件，表示将进一步做好税收服务“一带一路”建设工作，工信部和贸促会也发文，开展支持中小企业参与“一带一路”建设的专项行动；从双边、多边协议看，截至 2017 年底，中国已经与 80 多个国家和国际组织签署了 100 份“一带一路”合作文件，在这些合作文件框架下，企业可以积极寻找合适的投资机会；金融支持方面，在“一带一路”沿线开展业务的企业可以尝试多个融资渠道，比如亚投行、丝路基金、其他“一带一路”投资基金、产业基金、“一带一路”债券等。

国家战略级的顶层融资设计*

* 本文登载于《国际工程与劳务》杂志，2016 年 02 期

在过去的几十年中，中国工程承包企业已经在全球许多国家和地区开展了多方面的业务，业务范围涵盖众多基础设施建设领域。2008 年全球金融危机后，项目业主方普遍面临建设资金紧张的问题，带资建设、参与股权投资并提供中资银行的融资信贷支持已逐渐成为大多数中国工程承包企业在海外承揽工程的常态模式。由于欧美市场相对成熟，人力成本较高，过去中国工程承包企业的传统市场主要集中在东南亚、非洲和拉丁美洲等地区。随着“一带一路”上升为中国的国家战略，政府层面对工程承包企业参与“一带一路”基础设施建设给予了较高的重视和肯定，也极大地激发了中资工程承包企业的投资和参与热情。

“一带一路”项目的挑战

作为下一个五年规划的重点，大多数国企背景的工程承包企业都将“走出去”，并把在“一带一路”沿线国家进行工程承揽、项目投资作为其发展重点。我们也认为这是国内工程承包企业提升管理能力、加强内部体制建设和风险控制的一个很好的检验场，有利于促进国内工程承包企业转型升级。

尽管如此，我们也应该清醒地认识到，机遇与挑战并存，收益与风险相伴而生。根据相关机构的统计，“一带一路”沿线 65 个国家和地区中，有 48 个为高风险国家或高风险地区，在这些国家或地区开展业务面临着诸多风险。

一、政治风险

政府和执政党更替频繁，政局不稳定，政府与反政府力量交织在一起，许多国家或地区还存在反政府武装，军事冲突不断。一些国家或地区由于地缘政治或历史原因，存在着许多教派冲突或恐怖主义威胁，对中资企业派驻人员的人身和生命安全构成潜在威胁。

二、经济风险

大多数"一带一路"国家或地区经济欠发达，政府的财政收支难以平衡，政府的主权信用担保评级不高，签署的合作协议或承诺的项目投资条件存在较大的违约风险。

三、汇率波动

大多数"一带一路"国家属于新兴市场或新兴经济体，其本位币面临比较大的汇率波动风险。在当今世界经济复苏和增长乏力、美国加息、大宗商品尤其是石油和主要矿产品价格下跌的大背景下，资金从新兴经济体外流加剧，许多新兴经济体国家或地区的外汇储备急剧下降，导致本币大幅贬值。2015年中国工程承包企业涉及的重点国家或区域中，有许多国家或地区的本币已贬值超过30%。其中俄罗斯、哥伦比亚和委内瑞拉等国家的本币贬值已超过40%~50%。

因此，在看到有关国家和地区投资机会的同时，中国工程承包企业也应该清楚认识到这些存在的问题和风险，并采取适当的方法和手段加以规避和化解。

政府的顶层设计与思考

在政府层面，为推动"一带一路"倡议的实施，中央政府成立或参与设立了一系列金融机构，包括丝路基金、中非发展基金、金砖国家开发银行以及亚洲基础设施投资银行等，希望借此推动企业围绕"一带一路"倡议加快进行产业布局。我们认为，"一带一路"是国家的一项大战略，大战略要有大思考，在实施过程中顶层设计十分关键。毕马威公司作为国际知名的审计和财务咨询机构，在过去几年中帮助了大量的中国工程承包企业成功地参与了众多的海外基础设施建设项目，并积累了较多的实践经验。企业在具体操作过程中遇到的诸多问题，作为咨询机构，我们有十分切实的感受。以下是我们从国家和政府的顶层设计层面出发，认为应该关注和着力解决的问题。

一、融资方案和融资成本

目前，中资金融机构对工程承包企业海外并购和海外投资的支持力度尚不够大。以日本政府主导的印度高铁项目为例，日本的国际协力银行为日本工程承包商和建设财团提供了期限长达 30 年、年利率为 0.1% 的长期优惠贷款，如此低的融资成本在中国很难想象。中国工程承包企业在海外投标或竞标项目经常输在融资方案和融资成本上。

中国商业银行的资金成本和贷款成本过高已是一个不争的事实。即便是国家开发银行和进出口银行等政策性银行，长期优惠贷款的目标利率也在 3.5%~4%，而且要求的条件严格，审批通过难度很高。这种情况导致了中资工程承包企业在提供投资和融资方案时缺乏竞争力。这种现象的产生主要可归结为以下两方面原因。

1. 中资金融机构在海外拓展业务的速度较慢，落后于企业在海外投资的速度。由于金融监管等方面的原因，中资金融机构在进入一些目标国家时往往会受到一定程度的限制，在审批上以及业务规模扩张上往往会遇到一定的困难，因此在为一些大型并购或投资项目提供融资服务时往往不能发挥应有的作用。

2. 中国的利率市场化改革速度较慢，国内的并购贷款条件和利率往往不够优惠，使得企业在利用杠杆融资进行并购或投资的过程中资金成本过高，在报价上失去竞争力。这在一些大型基础设施建设项目中表现得尤为明显。

股权参与层面，尽管目前国家成立了中非产业发展基金、丝路基金等，中国投资有限公司也积极参与“一带一路”项目，但是这些基金的定位还比较模糊。虽然许多基金成立之初是以某一个专门的投资领域或地域为主，带有国家扶持的色彩，但仔细研究，这些基金都在强调市场化运作。由于市场化运作需要考虑投资回报、风险防控等问题，所以与市场上的一般基金在投资程序和要求上的差异并不明显。实际上，国家主权基金应该清晰地定位在为国家的战略服务，在投资项目的选择和审核以及项目的管理上体现出与完全市场化运作基金的差别，真正以服务工程承包企业“走出去”和服务国家战略为目的。

如何能够有效地拓展多种融资渠道，帮助企业在并购和投资过程中降低融资成本，进一步创新投资和融资方式是一个需要重点探讨的课题。我们也希望政府的主导部门能够考虑通过建立专项扶持基金或银行专项贷款的方式，对一些重点国家或重点地区的重点项目进行支持，这样才能够真正体现政府对"一带一路"倡议的关注和支持。

二、国有企业的绩效考核体系

工程承包企业的投资逻辑是以投资带动 EPC，目标是取得项目总承包资格。按照市场惯例，EPC 工程总承包的利润率在 15%~20%，而投资的回报率一般为 8%~10%。如果将两部分放在一起来看，许多项目可以操作。但由于国有资产管理体系的限制，EPC 的工程承包利润属于企业的经营利润，而投资的管理和考核则单独计量和核算。在国资委的管理体系中，经营的考核与投资的考核管理也分属于不同的司局。这种条块分割造成了许多项目在审批时既要说清业务的可行性，又要说明项目投资的可行性。这给企业领导和管理层进行项目投资决策造成了较多困扰，在很大程度上影响了项目的最终决策结果。我们在此建议是否可以对这种类型的项目制订专门的审核和评估方法，使国有工程承包企业在项目投标和决策时能够有一个更清晳的规范可供遵循。

三、税收抵免

根据目前中国的企业所得税法，对于境外经营取得的利润所支付的境外税款不能抵扣，中国境内股东需要就分红的净收益缴纳中国企业所得税，这会增加相关利润的税负总额。

如果中国境内投资者收购外国企业，且此外国企业同时拥有中国子公司，则会产生双重征税。在这种情况下，该外国企业下属中国子公司的净利润需要缴纳中国企业所得税，间接持股的中国母公司在通过外国企业收到这笔税后利润时需再次缴纳中国企业所得税。这是因为只有境外税适用于中国的"抵免境外税款"政策。

根据财税发 [2009] 年 125 号文，除经由财政部和税务局批准，中国居民企业仅可以就其一级、二级和三级子公司境外收入所缴纳的所得税申请抵免。如果三级以下的子公司就境外所得缴纳了所得税，那么母公司在收到这笔境外收入时会面临双重征税。

在一般的投资项目中，中国投资者通常会通过至少一个中间境外控股公司管理和运营境外投资。除众所周知的一些非税务因素，从税务的角度来讲，这种方式减少了因向上一层公司分红所需缴纳的预提所得税。

此外，境外集团通常（由于税务或非税务的因素）采用超过三层的组织架构。如果这种筹划架构在一定程度上能够合理地减少境外税务负担，就可以使集团保持竞争力。此外，在许多国家建立多个法人实体（如为了隔离不同业务的法律风险）不会带来实际的税务影响，因为这些法人实体可以通过合并纳税集团的方式纳税而不会分别被视为是独立的纳税实体。但是，根据我们的理解，目前国家税务总局的观点是在计算境外所得税抵免限额时，纳税集团中的每个法人实体应该作为独立的个体来计算可抵扣的税额。

三层抵免限制意味着“走出去”的中国投资者为了最大限度抵扣其承担的境外所得税，避免双重征税，可能需要支付更多的境外所得税。尤其是在收购现有海外目标公司的情况下，任何架构重组都有可能产生前端税务和非税务成本。为了避免这些次优结果，降低“走出去”的中国投资者税务成本的关键措施之一就是删除或至少从很大程度上缓解层级限制。许多国家已经使用“免税法”来消除双重征税，中国政府也应让中国境内投资者就其取得来源于境外的投资分红享受免征中国企业所得税的待遇。如果继续采用现有的“抵免法”来消除双重征税，那么应该考虑如何简化相关规定或消除特定限制。“抵免法”的最大问题就是限制了企业只能抵免来自中国境内股东直接或间接拥有的第一、第二和第三级子公司所缴纳的所得税。

上述讨论的一些问题在很大程度上制约了国有工程承包企业，也包括民营企业，进一步发展其在境外进行的与工程承包相关的投资业务。而解决这些问题，已不单是一个政府部门或部委需要做的工作，很多问题涉及多个不同的政府部门，要解决这些问题，需要从一个更高的层面对境外投资的支持政策进行顶层设计和思考。

如何协助大湾区企业『走出去』*

* 本文章曾刊登于香港《信报财经新闻》，2017 年 7 月 5 日

随着内地经济规模日益扩张，中国企业逐渐积累了相当实力，开始具备进行大型收购的条件，并在中国“一带一路”倡议带动下，中资企业进行海外并购成为趋势。根据联合国贸易和发展会议发布的《2017年世界投资报告》，中国2016年对外投资总额飙升44%，达到1830亿美元，首次在该报告中成为全球第二大对外投资国。而在中资企业“走出去”时，如能为其海外业务搭建合理营运管理及融资平台，将提高扩展海外业务的自由度及管理效率，有利把握海外投资机会。

近年，进行海外投资的中资企业不仅大幅增加，而且愈来愈多的民营企业也参与其中。投资项目也愈趋多元化，从以前以确保原材料供应为主，转变为对高新科技、信息科技及消费相关产品和服务的青睐。在民营经济高度发达的粤港澳大湾区中，不少企业正积极透过海外并购来捕捉发展机会及获得产业升级所需的技术，如广东家庭电器生产商美的近期收购了世界知名的德国工业机械人公司库卡，以协助拓展内地工业机械人市场及提升自动化生产技术。由此可见，大湾区企业的海外并购活动将会日益频繁，这反映了他们进一步国际化发展的需要。

在扩展海外业务的过程中，中资企业对营运模式和融资安排的选择，将影响集团日后整体的发展和收益。因此，大湾区企业需要建设一个合理的海外业务架构，促进海外并购的实行和提高并购整合后的营运效率。香港地理位置与内地毗邻，而且在金融、法律、人才、税制等各方面均具有优势，可以成为大湾区企业“走出去”的平台。

作为全球最自由的经济体之一，香港拥有完善有效的司法体制和金融监管制度。借助大湾区城市群的建设，香港可以继续发挥内地与海外“超级联系人”的作用，促进生产要素在国内外自由流动。同时，作为亚太区最重要的银行和金融中心，香港成熟的资本市场能提供贷款、发债及上市等不同的项目融资方案，为大湾区企业直接从香港进行海外投资提供协助。因此，大湾区企业可以将香港作为立足点，成立海外业务的区域营运管理及融资平台，促进企业的全球化发展。

香港采用地域来源原则征税，因此企业在香港设立的公司无须为从香港境外所获得的利润、股息和售卖资产所得的资本收入缴税。香港政府更于2016年修订法例，允许在香港经营集团内部融资业务的企业，在符合指明条件下扣除利息支出和宽减符合资格企业财资中心一半的利得税。这不仅有助降低以香港为海外业务区域总部的中资企业的税务负担，也有利他们把海外投资产生或筹集的资金进行再投资，同时为企业在香港集中财资管理创造了条件，让香港成为跨国和内地企业成立企业财资中心的首选地。

香港在贸易与物流、旅游与会展、人才培训、创新科技、金融及高端专业服务方面均有所长，能借此立足于粤港澳大湾区。香港加强与珠三角城市群的合作，增进互联互通，实现不亚于世界其他三大湾区的经济群，将不仅有助于区域的整体发展，还将进一步带动外贸和内需，使大湾区成为中国经济发展的重要引擎。同时，香港也能巩固自身的优势，并为未来的发展开拓空间，创造新的动力。因此，香港应把握机会，积极参与粤港澳大湾区的建设。

大湾区推动跨境资金流动*

---

* 本文章曾刊登于香港《信报财经新闻》，2018 年 5 月 23 日

2017年粤港澳大湾区内跨境资金流动量约为4.6万亿元人民币。粤港澳是内地跨境资金流动最为活跃、金融创新最具活力的区域。

目前粤港澳资金通过进出口贸易、跨境服务贸易、外商直接投资、对外直接投资等管道流动顺畅，"深港通"、基金互认、QFII、QDII、"债券通"、点心债、熊猫债等证券业务亦进展顺利。金融服务业和高价值产业是大湾区的重点行业。大湾区的规模及区内城市的不同发展阶段正为金融服务业带来重要机遇。

利好广东金融发展

- 庞大的一体化市场：作为互通市场，大湾区能为投资者和企业提供融资和高价值商品及服务出口的平台。这也能提升对银行、保险和融资服务的需求，包括为制造商租赁设备的融资安排及绿色金融。同时，专业服务领域亦将受惠于区内不同城市和市场的深度融合。

推动粤港澳大湾区跨境资金自由流动将为三地金融发展，特别是处于转型期的广东金融发展开拓新的业务、带来新的机遇。同时，金融作为现代经济的血液，顺畅的跨境资金流动犹如布满各涉外经济部门的血管，对粤港澳大湾区经济的健康、快速发展将起重要的供血作用。

- 资产和财富管理：大湾区预计将为基金经理创造资产和财富管理机会。这也将为私募股权、风险投资和其他专业资本投资集团创造筹资机会，并为资产管理服务公司（如信托公司、法律顾问和投资顾问）带来众多商机。香港近期推出了一系列举措，推动该城市成为资产管理中心，并加强其在筹集资金方面的领先地位。

此外，财富积累的增长将提升市场针对日渐复杂的金融、税收和企业结构所需要的服务水平。

- **金融科技发展：**由于银行持续推行数据化并采用先进科技改善其产品和服务，金融机构与金融科技企业之间预计将有更密切的合作。

尤其是随着行业进入智慧银行新时代，监管机构对金融科技创新持续推动，我们也可能会看到金融科技沙箱的进一步发展和完善，更有效地测试区内的金融科技产品。

作为历史上的海上丝绸之路枢纽港湾，以及现阶段与海上丝绸之路沿线国家海上距离最近的发达区域，粤港澳大湾区跨境资金自由流动可有效影响 " 一带一路 " 沿线国家地区，有利于推动大湾区成为 " 一带一路 " 建设新引擎。

要抓住这方面的机遇，首先要做好跨境资金流动的整体规划。结合国家金融改革的大局、推进方向和步骤，充分体现粤港澳大湾区在国家对外开放和金融发展中的地位和作用，尽快制定不同时期的工作目标。同时，要根据粤港澳三地不同的资源禀赋，推动优势互补、协调发展。

中短期内，粤港澳大湾区应定位为连接境内外资金市场的缓冲区域，成为沟通境内境外资金的重要节点和关键枢纽；再者，是要抓住有利时间视窗拓阔跨境资金流动管道。

粤港澳大湾区跨境资金自由流动的关键是通过放开跨境金融业务，逐步增加资金流通途径，如完善“深港通”、基金互认、“债券通”等跨境资金双向流通机制及配套政策等。接着就是要不断完善跨境资金流动的金融基础设施，为湾区内资金自由流动提供便利载体。推广粤港票据联合结算系统业务，将区域特色的资金结算业务逐步做大，提高湾区内资金流动效率。完善粤港外币即时支付系统，增加港元和美元的清算业务量，并探索添加更多交易币种的可行性，修筑粤港澳大湾区资金流通的高速公路。

要注意的是，推进粤港澳大湾区跨境资金自由流动，关键在于保障真实、合法、合理的市场需求能最大程度得到满足，由此需要进一步提升跨境资金流动管理效率，要建立健全跨境资金流动管理的法律法规，完善相关业务资料系统和事中、事后监管的长效机制，探索借助大数据、云计算提高跨境资金监管措施、创新措施的针对性和有效性，加强反洗钱、反逃税和反恐怖融资工作，与拥有丰富的投资、银团贷款、大数据分析和法律相关经验的专业机构开展协作。

落实企业战略获取巨大商机

大湾区的进一步互联互通及区内城市行业的多样化，为寻求开拓中国市场的企业或有意扩大在中国现有业务的公司提供了巨大商机。

- 供应链优化：大湾区连通性提高，由此带来货物、资本和劳动力更自由和快速地流动，这些都为企业优化其供应链带来机会。企业应仔细评估其现有的采购、制造、仓储和分销机制，以配合其发展战略和大湾区的未来走势。
- 策略审视：企业必须全面评估大湾区的发展，并量身定制当前和未来发展的战略，以保持足够的灵活性来有效应对市场变化。这可能需要业务转型、优化流程、整合资产、扩大产品和服务种类，或寻找合适的战略合作伙伴。如企业想在大湾区取得成功，就必须要有明确的商业和市场目标，并深入了解客户的需要和企业本身所需要做的部署。
- 监管协调：随着大湾区一体化的不断推进，许多政策将由粤港澳多方监管机构共同协商制定，例如针对环境、社会和治理等问题。各企业需要做好准备应对整个大湾区更严格的监管要求，可能需要增加合规投入并加强培训。
- 获得创新科技：大湾区会继续发展成为领先的创新科技中心。通过与深圳和香港愈来愈多的科技创新孵化器合作，企业将获得推动创新的机会，提高研发开支的效益并提升价值链。
- 宏观展望：在制订中长期战略时，企业应该考虑政府重点发展的行业和领域。企业必须评估政策方针对其所在行业的潜在影响，并有针对性地部署资源和人才，以确保其目标与国家的发展蓝图和优先事项保持一致。

大湾区的市场环境将需要企业加强协同，企业必须从产业、资本、创新等多角度去寻找适合自身发展的协同商机。

随着物联网、大数据、云计算技术等的应用，企业仅依靠内部资源完成制造的成本会很高，对外部资源的依赖程度也会日益增加。企业需要整合并利用制造业集群、技术集群和合作伙伴的优势，以降低成本并创造新的产品和服务。

上海发挥桥头堡作用全面推动『一带一路』建设

核心提示

01 “一带一路”沿线投资面临诸多挑战

02 发挥上海区位优势推动“一带一路”建设

03 上海发挥“桥头堡”作用的政策建议

04 结束语

案例背景

2013年以来，“一带一路”建设取得了举世瞩目的成就，一批有影响力的标志性项目逐步落地，来自中国和全球的领先企业和各类机构在倡议框架下积极开展基础设施、能源、装备制造、环保、金融等领域合作，推动了区域及世界经济的发展。

毕马威是全球“四大”会计师事务所之一，也是国际知名的财务咨询机构。我们一直积极参与“一带一路”建设，为企业拓展“一带一路”市场出谋划策已经成为工作的重中之重。我们的团队能够在“一带一路”全区域协助客户解决项目整个生命周期遇到的问题，并已经在百余个“一带一路”项目中为企业提供专业服务。未来我们还将继续加大投入，为企业和各类机构在“一带一路”沿线的投资和贸易活动保驾护航。

01 “一带一路”沿线投资面临诸多挑战

随着“一带一路”倡议向纵深推进和鼓励措施不断出台，企业在沿线地区的业务拓展和投资活动愈加活跃。在服务客户的过程中我们发现，一方面“一带一路”倡议给企业带来了重大发展机遇；另一方面，企业在开展“一带一路”业务时也面临一些问题和挑战，这主要包括：

- 信息匮乏和渠道不畅通：很多有意在“一带一路”沿线开拓市场的企业都发现，由于有效信息的缺失或信息沟通渠道不畅，企业很难获得投资决策所需的核心资讯，包括中国和投资地政府在“一带一路”倡议下的优惠政策和合作框架、投资地最新的法律法规和行业监管条例、投资地支柱产业发展情况和未来规划、重点项目清单和针对重点行业的投资机会分析等。
- 缺乏完整的产业链：在目前开展“一带一路”投资的中国企业中，大多数是大型企业或央企，中小企业的参与度还不是很高，在投资行业上也多集中在基础设施、能源电力和公用事业等领域。在一定程度上出现了投资行业和地区集中、跟风式投资的情况。一方面使所投行业快速变成了竞争红海，利润率降低；另一方面也使产业链分工和布局不完整、产业配套能力有待完善的问题日益突出。
- 针对“一带一路”的投资优惠政策有待完善：目前政府对于鼓励类的境外投资项目，在财政、税收、外汇管制、海关、信贷和保险等领域给予了相应的政策支持，有意愿开拓“一带一路”沿线市场的企业希望政府能够就“一带一路”项目也能够制定相应的鼓励政策，尤其是在项目审批、信贷、资金流动、保险理赔等环节采取措施，提高投资便利化水平。
- 海外业务运营合规困境：海外业务运营合规主要遇到的问题包括税务和社保缴纳等。企业在“一带一路”地区运营有时会遇到不该纳税而被征税、应少纳税而被多征税、税收优惠政策落实难、税收争端解决难等问题。在社保缴纳方面，一般情况下企业需要在海外和国内为在"一带一路"沿线开展工作的中国籍员工同时缴纳两份社保金，但在实际情况中，外派员工很难享受到海外社保待遇。

- 投资风险大，管控难："一带一路"国家大多属于发展中国家，投资环境差别较大，项目运作也存在不规范的情况，这使得"一带一路"投资面临更为复杂和严峻的风险管理挑战。以汇兑风险为例，虽然有些"一带一路"项目签署的合同是以美元作为支付货币，但是合作方最后还是以当地货币支付项目款项，这就带来了巨大的汇兑风险，对人民币国际化的需求就显得更加迫切。

02 发挥上海区位优势推动“一带一路”建设

发挥上海推动“一带一路”建设的“桥头堡”作用，主要是以三个区位优势为出发点——国际金融中心、自贸区和自由港、跨国公司地区总部聚集地和长江经济带发展领头羊。

根据上海市“十三五”规划，到 2020 年，上海将基本建成具有全球资源配置能力的国际经济、金融、贸易、航运中心；在金融领域，将基本确立全球性人民币产品创新、交易、定价和清算中心地位。

上海自贸区成立四年来，积极打造法制化、国际化、便利化的营商环境，目前正在筹建自由贸易港，区域自主权将进一步加大。

此外，上海是内地跨国公司地区总部最为集中的城市，也是聚集了众多中小企业的长江经济带的地区发展领头羊，因此，在促进跨国公司和中小企业参与到“一带一路”建设的工作中拥有得天独厚的区位优势。

03 上海发挥“桥头堡”作用的政策建议

在综合考虑企业开展“一带一路”投资面临的挑战的基础上，我们从上海区位优势出发提出以下建议，希望能够为上海更好地发挥“一带一路”建设桥头堡作用提供有益的思考。

一、与“一带一路”沿线城市建立全面合作机制

目前，多个国家级的“一带一路”合作框架已经达成，但城市间或行业间的较低层级的合作机制还有待建立和完善。上海可以考虑与“一带一路”沿线的主要城市或投资热点城市建立城市间的全面投资合作机制。

截至 2017 年年底，中国已累计与 86 个国家和国际组织签署了 100 份“一带一路”合作文件 *。上海可以考虑在这些国家级的合作协议框架下，与“一带一路”沿线重点城市建立城市间的全面合作机制体系，覆盖投融资和贸易促进、金融创新、联合培训和研究、建立互惠共赢的税收、关务、社保等监管和服务保障体系、建设信息和资源共享平台等，打造城市间经贸活动的“绿色通道”。

以自贸区为例，其实目前“一带一路”沿线很多国家和城市对于中国产业园区和自贸区的建设经验非常感兴趣，上海可以与这些城市开展合作，根据当地地理优势和产业发展特点，打造“一带一路”沿线自贸区链条，不仅能够促进链条上企业的投融资和贸易活动以及生产要素的自由流动，也能够带动当地经济发展，为各国民众带来福祉。

---

*《2017 年“一带一路”建设成果丰硕：贸易投资稳步提升 重大项目陆续落地》，21 世纪经济报道，2017 年 12 月 29 日

二、 与内陆地区省市建立“东西双向互济”的合作机制

在“十九大”报告中，习总书记提出“要以‘一带一路’建设为重点”，“加强创新能力开放合作，形成陆海内外联动、东西双向互济的开放格局”。

与东部沿海地区相比，中国的内陆省市对外开放水平较为滞后，开放度较低，经济转型升级动力不足。“一带一路”倡议的提出打开了中国面向中亚、西亚、南亚的开放大门，使内陆省份由对外开放的末梢变为了前沿，面临巨大的发展机遇。然而，内陆省份在指导、引领和推动企业开展对外合作、建立自贸区等领域经验不足，面临人才和资金短缺的困难，短期内难以满足“一带一路”建设的需求。

上海市可以考虑与内陆省区市建立协作机制，比如陕西、重庆、四川、云南、新疆维吾尔自治区等，以优势互补、互利共赢、重点突破、市场主导、政府推动为原则，在人才、技术、资金、项目等领域开展交流合作，促进各地区开放型经济的协同发展，共同构建“东西双向互济”的合作与开放新格局。

三、关注中小企业需求，建立全面投资促进服务体系

上海可针对中小企业特点，重点关注中小企业需求，以此为基础建立全方位的“一带一路”服务体系。

在“一带一路”建设过程中，大型国有企业一直是主力军。但是在“一带一路”沿线还存在一些没有被大企业占领的细分市场，比如建筑建材、交通运输、餐饮旅游、跨境电商等，在这些领域内的产品和服务需求巨大。

中国有一些中小企业，尤其是中小型民营企业在某些细分领域内具有较强的竞争力，他们对市场变化较为敏感，决策机制灵活，研发周期短，可以为市场提供定制的产品和服务，或是凭借先进技术为大型项目提供配套支持和服务，与大企业一起形成完整的中国企业“一带一路”运营生态圈，从而推动上下游产业链和关联产业协同发展，建立完整的研发、生产和营销体系，提升区域产业配套能力和综合竞争力。

中小企业参与“一带一路”建设的途径可以包括与大企业、其他中小企业“抱团出海”，承担大型项目的一部分，或是积极参与到“一带一路”园区建设中来，完善园区的产业链分工与布局。

上海可以从以下三方面着手采取措施，促进中小企业开拓“一带一路”市场：

- **搭建“一带一路”信息服务平台：**通过建立信息平台和举办各类活动，使中小企业能够及时了解“一带一路”相关政策和政府间双多边协议的最新进展，沿线各国建设规划和项目进展情况，投资地投资环境信息和风险提示，并为项目参与者提供项目推介和对接平台。
- **提供个性化的金融、咨询和培训服务：**为中小企业提供个性化的金融和咨询服务，将企业需求与金融机构、中介和培训服务机构对接，为企业顺利开展“一带一路”服务保驾护航。
- **制定与实施促进投资的相关鼓励政策：**了解企业开展“一带一路”投资时遇到的问题，探索、创新鼓励中小企业开展“一带一路”项目投资的配套扶持政策，包括融资支持、高新技术企业税收优惠、简化审批流程等，与投资地国监管部门联合探讨投资便利化措施，如跨境资金的自由流动、社保权益互认等。

四、推动跨国公司与中资企业的合作与共赢

上海可以考虑发挥跨国公司地区总部集中的优势，促进中外企业的合作与共赢，助力中资企业在“一带一路”沿线拓展业务。

“一带一路”倡议不仅为中资企业带来了发展机遇，同时也为跨国公司提供了一个大展拳脚的舞台。跨国公司拥有先进、成熟的海外项目运营管理经验和全球化的信息和资源网络，中国企业可以充分利用跨国公司的这些优势弥补短板，实现转型，向产业链的高端进发，为顺利进入“一带一路”区域市场奠定良好的基础。比如，虽然中国的建筑承包商已经积累了丰富的海外大型工程、基础设施

项目的开发和建设经验，但在从承包商向投资商、运营商转型的过程中仍然缺少可以借鉴的成功案例，面临不少困难。

此外，很多跨国公司也把“一带一路”倡议视为一个业务拓展的良机。一方面，跨国企业可以通过和中国企业携手开展“一带一路”项目，进入新市场，扩大业务规模。比如，一些全球领先的电子电气和工程设备提供商已经在多个“一带一路”沿线的EPC项目中与中国企业开展合作，提供技术和服务支持；另一方面，在“一带一路”倡议下，域内国家基础设施和公共服务水平提高，投资环境得到改善，政府支出和消费者收入增加，这都为跨国公司在当地开展投资和运营提供了便利条件。据我们了解，一些跨国公司已经制定了“一带一路”业务中、长期发展规划，预计未来还将会有更多跨国公司加大“一带一路”业务投入，在这个新的蓝海市场中赢得先机。

上海可以利用这个契机，深入了解跨国公司的疑虑和困难，一方面搭建跨国公司与“一带一路”项目的对接平台，引导投资的方向和行业，促进跨国公司与中资企业的合作与交流；另一方面可以从跨国公司实际需要出发，帮助跨国公司在上海的地区总部成为公司全球“一带一路”的投资和运营平台，更好地助力“一带一路”建设发展。

五、开展融资机制和金融产品创新

货币自由兑换和资金自由流动是自贸区建设高效的“一带一路”投融资平台、扩大金融业双向开放的目标之一。上海自贸区挂牌四年多以来，开展了跨境融资和结算、投融资汇兑便利化、人民币跨境使用、外汇管理体系改革等一系列的金融创新试点，积累了丰富的理论和实践经验。在“一带一路”倡议下，自贸区可以进一步探索促进企业跨境业务的政策措施，为企业对外贸易和投资活动提供更加便捷的金融服务。

未来，自贸区可考虑加强金融政策创新力度，扩大自由贸易账户本外币一体化各项业务，挖掘自由贸易账户创新功能，完善自贸区分账核算单元体系。同时，在自贸区已建立的各类资产交易平台的基础上，鼓励金融产品创新，包括黄金、外汇、金融衍生品、保险保单、非标资产的产品创新，扩大境外人民币境内投资金融产品范围，支持人民币跨境双向流动。

此外，随着未来各项改革政策的进一步细化和落地，以及实施力度的增强，金融机构可协同政府部门在建设人民币全球服务体系和资本项目下可兑换方面不断深入改革，在区内设立银行、证券、保险等金融机构的分支机构和大型金融机构的业务总部，支持探索进一步扩大个人可兑换限额和开展区内非金融类企业在限额内的本外币可兑换试点，促进金融开放，为"一带一路"项目投资提供快捷、便利的金融服务。

六、优化税收服务，深化税收合作

在境内外税务事项日益复杂、税收监管环境日趋严格的大背景下，税收问题逐渐成为影响企业"走出去"项目决策和海外业务运营绩效的一个重要因素。为使税收要素成为全面推动"一带一路"建设的"催化剂"，而非"拦路虎"，上海可以考虑采取以下措施帮助企业更好地"走出去"：

- **优化针对参与"一带一路"建设企业的税收服务。**2015年以来，国家税务总局陆续出台多项措施以服务"一带一路"建设。在贯彻落实国家税务总局文件规定的基础上，上海可以依托自身优势，为企业提供更加个性化的创新税收服务，比如，通过"12366"上海财税咨询服务热线，为企业提供有针对性的税收知识培训，包括"一带一路"国家一般税收和特定行业税收政策介绍、税收风险提示、最新涉外税收资讯等。
- **为企业享受税收优惠提供绿色通道。**为了更好地服务"一带一路"建设，政府为企业提供了诸多税收优惠政策，包括出口货物劳务退（免）税、跨境应税服务零税率或免税以及境外所得税收抵免等。因此，上海可以考虑通过设立特定服务窗口、简化执行程序、提高审批效率、提供相关咨询服务等为企业享受税收优惠提供绿色通道，使可以享受优惠政策的企业能够“应知尽知”“应享尽享”。

- 协助企业解决税务争端。建立企业跨境税务争端协调机制，协助开展“一带一路”业务的企业与当地税务机关和中国国家税务总局积极沟通，及时启动税务相互协商程序，以更好地为企业提供权益保护。
- 深化城市间税务机关合作。在上文提及的城市间全面合作机制下，上海市税务机关可以与“一带一路”沿线的主要城市或投资热点城市税务机关建立定期会晤与沟通平台，以协助企业解决在当地运营时遇到的不该纳税而被征税、应少纳税而被多征税、税收优惠政策落实难等问题，通过深化合作共同提升税收治理能力。

04 结束语

上海拥有独特的区位优势，在推进"一带一路"建设向纵深发展的过程中能够，也应该发挥重要作用。在本文中，我们就上海可以考虑实施的举措进行了初步探讨，并希望能够在相关领域内与上海市政府相关部门、研究机构、中外企业等合作伙伴开展深入交流。

毕马威“一带一路

流程环节	阶段工作内容	毕马威支持
1 制定对外投资战略	明确对外投资应实现的战略目标；初步确定投资地、投资行业	• 国际化战略咨询
2 投资环境分析	研究目标投资地的政治、经济、法律体系和税制、行业发展情况、劳动力市场、重大风险因素等内容	• 商业与运营尽职调查 • 税务服务 • 风险管理 • 人力资源和变革管理 • 法律服务和安全风险评估*
3 制定市场进入战略	确定投资方式（并购、参股、绿地兴建、合资合作等），制定市场进入战略和行动计划	• 市场进入战略咨询
4 项目筛选	收集项目信息，初步确定和评估能够实现投资战略的投资项目；确定拟投资项目	• 投资并购顾问
5 初步接洽	就交易意向进行初步接洽，初步判断项目是否可行	• 投资并购顾问